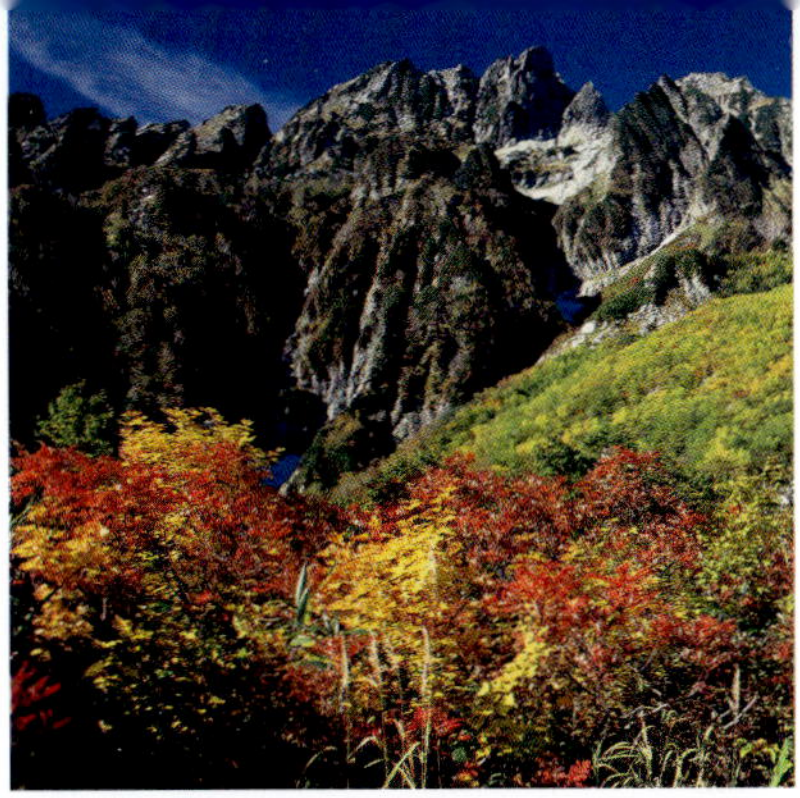

分県登山ガイド 17

富山県の山

佐伯郁夫・佐伯克美・佐伯岩雄・佐伯郁子 著

山と溪谷社

分県登山ガイド——17

富山県の山

目次

富山県の山 全図……04
概説 富山県の山……06
［コラム］ 雪と岩、そして花の殿堂 立山・剱岳……10

◉北アルプス
01 剱岳① 別山尾根……16
02 剱岳② 早月尾根……22
03 剱岳③ 仙人池……24
04 下ノ廊下（黒部川）……28
05 立山 雄山・大汝山・富士ノ折立・別山……31
06 大日岳・奥大日岳……36
07 薬師岳……38
08 雲ノ平 鷲羽岳・三俣蓮華岳・黒部五郎岳……42
09 高天原・赤牛岳 読売新道……46
10 水晶岳（黒岳）・野口五郎岳・烏帽子岳……50
11 餓鬼山・唐松岳……54
12 清水岳・白馬岳・雪倉岳……57
13 朝日岳・長栂山・黒岩山・犬ヶ岳……62

◉北方稜線
14 毛勝山……66
15 猫又山……68
16 大猫山……70
17 赤谷山……72

◉東部
18 中山……75
19 クズバ山……78

20 白鳥山……80
21 黒菱山……82
22 大鷲山……84
23 南保富士……86
24 大地山……88
25 負釣山……90
26 鋲ヶ岳・烏帽子山……92
27 僧ヶ岳……94
28 駒ヶ岳……96
29 大平山……98
30 濁谷山……100
31 大倉山……102
32 大熊山……104
33 城山（千石城山）……106
34 高峰山……108
35 城ヶ平山・ハゲ山……110
36 塔倉山……112
37 大辻山……114
38 来拝山……116
39 尖山……118
40 瀬戸蔵山・大品山……120
41 鍬崎山……122
42 鉢伏山……124
43 高頭山……126
44 猿倉山・御前山・小佐波御前山……128
◉西部
45 唐堀山……130
46 夫婦山……132
47 祖父岳……134
48 白木峰・小白木峰……136
49 金剛堂山……138
50 牛岳……140
51 赤祖父山……142
52 高落場山……144
53 袴腰山・三方山……146
54 猿ヶ山……148
55 人形山・三ヶ辻山……150
56 大笠山……152
57 大門山・赤摩木古山・見越山・奈良岳……154
58 医王山……157

●本文地図主要凡例●

- 赤破線：紹介するメインコース。
- 緑破線：本文か脚注で紹介しているサブコース。一部、地図内でのみ紹介するコースもあります。
- Start Goal Start Goal 225m：出発点／終着点／出発点・終着点の標高数値。
- 管理人在中の山小屋もしくは宿泊施設。
- 紹介するコースのコースタイムのポイントとなる山頂。
- ○ コースタイムのポイント。
- 管理人不在の山小屋もしくは避難小屋。

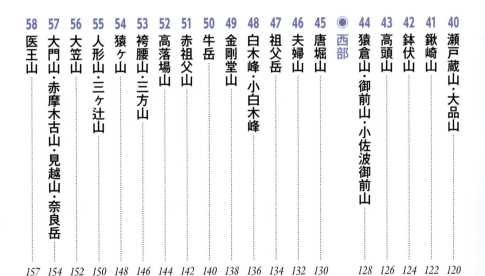

糸魚川へ
糸魚川へ
親不知IC
いちぶり
おやしらず
えちごトキめき鉄道
日本海ひすいライン
えっちゅう
みやざき
朝日町
とまり
入善町
にゅうぜん
朝日IC
㉒大鷲山
⑳白鳥山
㉑黒菱山
南保富士㉓
新潟県
入善SIC
8
⑬犬ヶ岳
糸魚川市
大地山㉔
黒部市
黒部IC
くろべうなづき
おんせん
宇奈月町
ひらいわ
⑬黒岩山
富山地鉄本線
あいもと
㉕負釣山
魚津市
うおづ
魚津IC
北又谷
⑬長栂山
鉄ヶ岳㉖
⑬朝日岳
うなづきおんせん
北陸自動車道
烏帽子山㉖
⑫雪倉岳
小谷村
黒部川
黒部峡谷鉄道
なめりかわ
滑川市
㉗僧ヶ岳
清水岳⑫
⑫白馬岳
片貝川
㉘駒ヶ岳
鑓ヶ岳
大平山㉙
滑川IC
上市川
濁谷山㉚
白倉山
⑭毛勝山
白馬村
かみいち
上市町
㉛大倉山
けやきだいら
舟橋村
早月川
⑪唐松岳
はくば
立山IC
㉟ハゲ山
大猫山⑯
⑮猫又山
⑪餓鬼山
立山町
細蔵山
城ヶ平山㉟
㉝城山（千石城山）
五竜岳
かみしろ
常願寺川
赤谷山⑰
③剱岳③仙人池
富山地鉄立山線
中山⑱
㉞高峰山
①②剱岳①別山尾根
②早月尾根
鹿島槍ヶ岳
塔倉山㊱
大熊山㉜
⑲クズバ山
大辻山㊲
④下ノ廊下（黒部川）
青木湖
吉峰山
大日岳⑥
⑥奥大日岳
148
いわくらじ
やなば
㊳来拝山
爺ヶ岳
たてやま
立山有料道路
⑤立山 雄山・大汝山・
富士ノ折立・別山
尖山㊴
ありみねぐち
㊵瀬戸蔵山
室堂
浄土山
黒部ダム
木崎湖
前山
㊵大品山
黒部湖
和田川
有峰林道
佐波御前山
㊶鍬崎山
針ノ木岳
五色ヶ原
大糸線
小口川
真川
㊷鉢伏山
越中沢岳
おおまち
しなの
㊸高頭山
蓮華岳
大町ダム
長棟川
不動岳
折立
七倉ダム
大町市
キラズ山
烏帽子岳⑩
有峰湖
薬師岳⑦
高瀬ダム
しなのときわ
⑨赤牛岳
大多和峠
太郎兵衛平
長野県
高天原⑨
⑩野口五郎岳
飛越トンネル
雲ノ平⑧
北ノ俣岳
⑩水晶岳（黒岳）
しなのまつかわ
燕岳
⑧鷲羽岳
黒部五郎岳⑧
ほその
⑧三俣蓮華岳
双六岳
岐阜県
安曇野市
飛騨市
槍ヶ岳
ほたか
常念岳
笠ヶ岳
松本へ
高原川
上宝村
奥穂高岳
松本市

富山県の山 全図

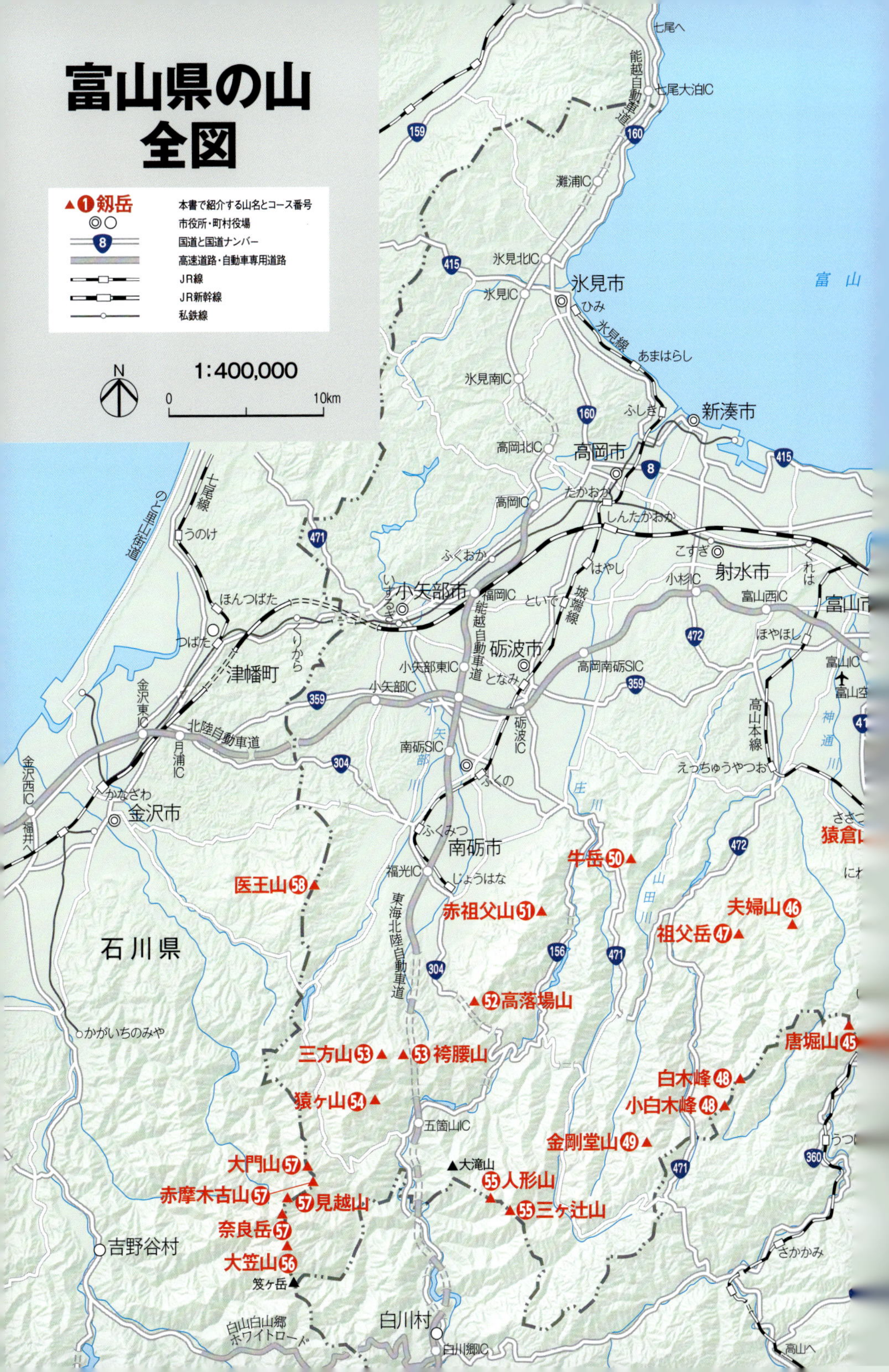

▲❶剱岳 本書で紹介する山名とコース番号
◎○ 市役所・町村役場
国道と国道ナンバー
高速道路・自動車専用道路
JR線
JR新幹線
私鉄線
N
1:400,000
0
10km
七尾へ
能越自動車道
七尾大泊IC
灘浦IC
氷見北IC
氷見IC
氷見市
ひみ
氷見線
あまはらし
氷見南IC
ふしき
新湊市
高岡北IC
高岡市
高岡IC
たかおか
しんたかおか
こすぎ
射水市
小杉IC
富山西IC
富山市
ほやほし
富山IC
富山空
くれは
のと里山街道
七尾線
うのけ
ほんつばた
つばた
津幡町
くりから
いするぎ
小矢部市
福岡IC
ふくおか
とい で
城端線
砺波市
となみ
小矢部東IC
小矢部IC
高岡南砺SIC
金沢東IC
月浦IC
北陸自動車道
金沢西IC
福井へ
かなざわ
金沢市
南砺SIC
砺波IC
ふくの
ふくみつ
南砺市
福光IC
じょうはな
東海北陸自動車道
小矢部川
庄川
山田川
神通川
高山本線
えっちゅうやつお
ささづ
猿倉山
にれ
牛岳 50
医王山 58
赤祖父山 51
夫婦山 46
祖父岳 47
石川県
52 高落場山
唐堀山 45
かがいちのみや
三方山 53
53 袴腰山
白木峰 48
小白木峰 48
猿ヶ山 54
五箇山IC
金剛堂山 49
うつ
大門山 57
大滝山
55 人形山
赤摩木古山 57
57 見越山
55 三ヶ辻山
奈良岳 57
吉野谷村
大笠山 56
さかかみ
笈ヶ岳
白山白山郷ホワイトロード
白川村
白川郷IC
高山へ
富山
159
160
415
8
471
472
359
304
156
360

概説

富山県の山

佐伯郁夫

富山県は蝶が羽を開いたような形で富山湾に向いている。その中央が県庁所在地。そこから車で1時間も走れば県外へ出てしまうという小さな県である。それゆえに海岸から3000メートル級の山への距離が近い。日本海を渡ってきた冬の季節風は、富山湾からわずか30キロ前後で稜線にかけ上がり、湿った大量の雪を降らせる。このことが富山の山を特徴づけている。

立山《たてやま》・剱岳《つるぎだけ》には氷河が現存している。世界の名だたる氷河に比べればごくごく小規模だが、剱岳の小窓《こまど》雪渓、三《さん》ノ窓《まど》雪渓、立山の御《ご》前谷《ぜんだに》の3箇所で氷体が下方へ動いているということが最新の研究でわかってきた。以前から立山の山《やま》崎《さき》カールや薬師岳《やくしだけ》の圏谷群など、氷河地形は知られていたが、今、現に氷河があるということがうれしい。また、富山県の山はライチョウの生息密度が日本一高いが、それも豪雪とおおいにかかわっている。

●山域の特徴

■立山・剱岳　本書では、富山県を代表する山として剱岳を冒頭で紹介している。映画『剱岳・点の記』のオール現地撮影で、岩場や雪渓の凄さが人々を魅了した。今や夏の別山《べっさん》尾根はカニのタテバイやヨコバイで渋滞がおきるほどの人気だが、一般登山道としては最も厳しい岩稜コースである。

次いで富山県の顔ともいえる立山、大日岳《だいにちだけ》、五色《ごしき》ヶ原《はら》、薬師岳《やくしだけ》を配した。定番ともいえるよく知られた山々である。なお、今回、新しく下ノ廊下《ろうか》（黒部《くろべ》川）を加えた。ここは一年で約1ヶ月だけ通行が可能となる季節限定の秘境である。残雪や岩壁にかけられた桟道の整備状況によっては、ほとんど通れない年もある。だからこそ訪れたいと願う人が多いところである。

■県境の山々　富山は新潟、長野、岐阜、石川と県境を接している。県境稜線には風格のある山が多いが、あまりに奥深くに位置していることから、県内から入り、県内に下山とすると、ロングコースとならざるをえない。

雲《くも》ノ平《だいら》から野口《のぐち》五郎岳《ごろうだけ》、烏帽子《えぼし》岳《だけ》へのコースは、従来は高瀬《たかせ》ダムへ下りるコースを紹介していたが、今回は延長して南沢岳《みなみさわだけ》、船窪岳《ふなくぼだけ》、針《はり》ノ木谷《きだに》、黒部湖と長いコースにした。針ノ木谷が船窪小屋を支えるボランティアによって手入れされ、通行が可能になったこともある。「分県登山ガイド・シリーズ」中では最も長いコースだろう。挑むには充分な体力と技術が必要である。

白馬岳《しろうまだけ》以北の雪倉岳《ゆきくらだけ》、朝日岳《あさひだけ》、アヤメ平《だいら》、黒岩平《くろいわだいら》は花の美しいところが続き、黒岩平からは樹林帯となる。犬《いぬ》ヶ岳《たけ》直下の栂海《つがみ》山荘や白鳥《しらとり》山荘を利用することになるが、両小屋とも無人小屋で、寝具と食料の持参が必要である。

アオノツガザクラとチングルマの大群落

コバイケイソウが咲く室堂山から鳶山、薬師岳方面を望む

岐阜県境の山は、三俣蓮華岳《みつまたれんげだけ》、黒部五郎岳《くろべごろうだけ》、北ノ又岳《きたまただけ》（上ノ岳《かみだけ》）がよく知られている。続く寺地山《てらちやま》は登山口が飛越《ひえつ》トンネルの岐阜県側にあり、今回は割愛した。あと岐阜県境で登山道があるのは唐堀《からほり》山《やま》、白木峰《しらきみね》、人形山《にんぎょうざん》となる。

石川県と接する山は、大笠山《おおかさやま》、奈良岳《ならだけ》、見越山《みこしやま》、赤摩木古山《あかまっこやま》、大門山《だいもんざん》に加えて医王山《いおうぜん》を紹介した。ここは医王山県定公園であり、奥医王だけでは物足りないため、石川県にはみ出すが、鳶岩《とんびいわ》を加えてみた。

■日帰りで登る山　本書で多くの項をついやすのは、日帰りで登れる山々である。よく名を知られている毛勝山《けかつやま》や鍬崎山《くわさきやま》などは、体力的、時間的にかなり厳しい山である。一方、中山《なかやま》や負釣山《おいつりやま》など、気軽に登れて、かつ達成感の強い山もある。僧ヶ岳《そうたけ》などは登山口に県内のみならず、県外ナンバーの車も並ぶ。また、静かな山歩きのできる山も多い。本書をよく読みこんで、それぞれの山を楽しんでいただきたい。

●交通事情

立山黒部アルペンルートは2450㍍の室堂までいっきに体を運んでくれる。立山、剱岳、大日岳、浄土山《じょうどさん》、五色ヶ原などの発着点となる。黒部峡谷鉄道は欅平《けやきだいら》から白馬岳、唐松岳《からまつだけ》、下ノ廊下（黒部川）、仙人池《せんにんいけ》への出発もしくは下山に。また夏山最盛期のみ運行する富山～折立《おりたて》間のバスは、薬師岳、雲ノ平、水晶岳《すいしょうだけ》、高天原《たかまがはら》、赤牛岳《あかうしだけ》などに利用される。称名滝《しょうみょうたき》へのバスは大日岳登山に利用できる。

それ以外の山々の登山は、マイカーに頼らざるを得ない。山間部

チングルマなどの草紅葉が鮮やかな秋の雷鳥

観光客に人気の雪の大谷

夏毛に変わる途中の初夏のライチョウ

の集落では過疎化に伴って路線バスが廃止され、コミュニティバスはかなり限定的にしか動かない。やむを得ない時はタクシー利用になるが、人数によっては経済的にも時間的にも便利だろう。剱岳・早月《はやつき》尾根の登山口・馬場島《ばんばじま》へは上《かみ》市《いち》駅から定額料金で入ってくれる。朝日岳へは地元タクシーを利用すれば補助金まで出る。

道路が更新されたのは馬場島への道で、スーパー農道滑川《なめりかわ》市大《おお》榎《えのき》の交差点から早月川沿いの県道67号が年々少しずつ拡幅されている。なお、道路ではないが、立山山麓らいちょうバレースキー場のゴンドラリフトが使用不能となったので、鍬崎山への登山はこれまでよりいっそうの体力が要求されるようになった。

●登山道について

国立公園や県定公園で行政がかかわっている登山道はおおよそ良好に整備されている。しかし、そうでない山も多い。毛勝山、大猫《おおねこ》山《やま》、猫又山《ねこまたやま》、濁谷山《にごりだにやま》、大地山《おおちやま》、大《おお》平山《だいらやま》、大鷲山《おおわしやま》、黒菱山《くろびしやま》などは、山好きな人たちが昔の山道が消えかけていたのをボランティア活動で切り開いたものである。その人たちも高齢化し、手入れの行き届かない山がでてきている。

道がわかりにくくなる最大の要因はネマガリダケである。成長すると刃物でないと切れない。春先の登山道ではネマガリダケの芽をパリパリ手で折りながら進むことで、山道の維持に貢献できる。人が通ってこその登山道である。

山に登る人は、自己責任で地図を読み、確実に状況を判断し、道迷いのない登山を心がけてほしい。

●山々の四季

立山や剱岳は日本一の豪雪地帯であり、室堂平《むろどうだいら》へのバス開通時には雪《ゆき》の大谷《おおたに》で18㍍の雪壁が観光客の人気を集めている。それだけの雪が夏には消えてしまうというのも世界的に珍しい。

富山県の山は、低山でも4月ごろからと考えるのが妥当だろう。それも南向き斜面と北向き斜面で大きく異なる。2000㍍を超える山では、概して6月以降と考えるとよい。雪が消えたところから花々が咲きはじめる。残雪と高山植物は夏山の大きな楽しみである。

9月に入ると、秋の気配が漂う。10月の体育の日あたりで山小屋は閉じはじめる。紅葉と新雪で人気の仙人池《せんにんいけ》への道である剱沢雪渓は秋には硬くもろくなる。ピッケルをついた一瞬にバリッと亀裂が入り、足もとから崩落したという話はよく聞く。いつ雪が降るとも限らず、防寒衣類は冬用のもので対処したい。手袋と耳を保護することもたいせつだ。

一例だが、10月に紅葉の山のつもりで祖母谷《ばばだに》温泉から白馬山荘へ向かったガイド付きのパーティが、稜線近くで猛吹雪にあい、何人も倒れた。九州のガイドは吹雪の怖さを知らず、もう少しだと前進してバラバラになった。10㍍登る体

紅葉に染まる称名滝

厳冬の剱岳から剱沢と立山連峰を見る

力があれば100メートルは駆け下りることができる。不本意でも早めに不帰岳《かえらずだけ》避難小屋へ戻っていれば死なせずにすんだと思われる。

春の立山は4～6月は山スキーヤーが多い。新雪の11月もまた同じ。この時期、室堂平では観光客の群れるターミナル周辺以外、つまりちょっとでも山に入るには、ビーコン必携とされている。人が誘発する雪崩で事故が多発しているからで、もたない人には山岳警備隊が有料でビーコンを貸し出している。

●火山に注意

弥陀《みだ》ヶ原《はら》火山が活火山の指定を受けていることである。具体的には地獄谷《じごくだに》のことである。近年、地獄谷の噴煙が活発になったので、地獄谷遊歩道は立入禁止。室堂平から雷鳥荘《らいちょうそう》への登山路も、火山ガス濃度が常に測定されている。万一にそなえ浄土沢に迂回路もつくられた。また周辺の山小屋には大量のヘルメットが保管されている。

本書に新しく加わった山のグレーディングは全国標準規格である。県外からの登山者もこれまで経験のある山と対比して計画を練り、事故のない登山を楽しんでいただきたい。

本書の使い方

■日程　富山市を起点に、アクセスを含めて、初級クラスの登山者を想定した日程としています。

■歩行時間　登山の初心者が無理なく歩ける時間を想定しています。ただし休憩時間は含みません。

■歩行距離　2万5000分ノ1地形図から算出したおおよその距離を紹介しています。

■累積標高差　2万5000分ノ1地形図から算出したおおよその数値を紹介しています。は登りの総和、は下りの総和です。

■技術度　5段階で技術度・危険度を示しています。は登山の初心者向きのコースで、比較的安全に歩けるコース。は中級以上の登山経験が必要で、一部に岩場やすべりやすい場所があるものの、滑落や落石、転落の危険度は低いコース。は読図力があり、岩場を登る基本技術を身につけた中～上級者向きで、ハシゴやクサリ場など困難な岩場の通過があり、転落や滑落、落石の危険度があるコース。は登山に充分な経験があり、岩場や雪渓を安定して通過できる能力がある熟達者向き、危険度の高いクサリ場や道の不明瞭なやぶがあるコース。は登山全般に高い技術と経験が必要で、岩場や急な雪渓など、緊張を強いられる危険箇所が長く続き、滑落や転落の危険が極めて高いコースを示します。富山県の山の場合はが最高ランクになります。

■体力度　登山の消費エネルギー量を数値化することによって安全登山を提起する鹿屋体育大学・山本正嘉教授の研究成果をもとにランク付けしています。ランクは、①歩行時間、②歩行距離、③登りの累積標高差、④下りの累積標高差に一定の数値をかけ、その総和を求める「コース定数」に基づいて、10段階で示しています。が1、が2となります。通常、日帰りコースは「コース定数」が40以内で、～（1～3ランク）。激しい急坂や危険度の高いハシゴ場やクサリ場などがあるコースは、これに～（1～2ランク）をプラスしています。また、山中泊するコースの場合は、「コース定数」が40以上となり、泊数に応じて～もしくはそれ以上がプラスされます。富山県の山の場合はが最高ランクになります。紹介した「コース定数」は登山に必要なエネルギー量や水分補給量を算出することができるので、疲労の防止や熱中症予防に役立てることもできます。体力の消耗を防ぐには、下記の計算式で算出したエネルギー消費量（脱水量）の70～80パーセント程度を補給するとよいでしょう。なお、夏など、暑い時期には脱水量はもう少し大きくなります。

	時間の要素		距離の要素		重さの要素
行動中のエネルギー消費量（kcal）＝	1.8×行動時間（h）	＋	0.3×歩行距離（km）＋10.0×上りの累積標高差（km）＋0.6×下りの累積標高差（km）	×	体重（kg）＋ザック重量（kg）
	山側の情報 —「コース定数」				登山者側の情報

*kcalをmlに読み替えるとおおよその脱水量がわかります

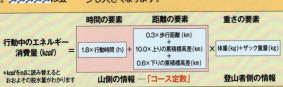

高山植物の美しいところは、室堂平、弥陀ヶ原、浄土沢、五色ケ原、清水岳、朝日岳、黒岩平、岩苔小谷の源流部、雲の平、高天原などである。広く分布する花もあれば、限定的にしか生育できない花もある。立山・剱岳を中心にまとめた。

雪と岩、そして花の殿堂 立山・剱岳

◉佐伯克美

タテヤマチングルマ
まれに薄いピンクの花が咲きタテヤマチングルマの名がある。

ハクサンイチゲ
7月 浄土沢

雪が消えると一番に咲く。浄土沢でまだ夏道の橋がかかっていないころ、河原の登山道わきで咲きはじめる。浄土山でもまっさきに咲く。

チングルマ　7月 室堂平

チングルマは、弥陀ヶ原、天狗平、室堂平と雪解けとともに標高の順を追って咲いていく。草だと思われがちだが、これは小型の落葉低木。高さ10㌢くらい。枝は地面を這い、葉を密生。花が終わると風車のような実になり風に飛び散る。秋には光沢のある深い赤に紅葉する。分布は広い。

チングルマの紅葉

コバイケイソウ　7月 浄土沢

コバイケイソウはおもしろい花である。3〜4年に1度しか咲かない。それも、そこら中の山で申し合せたように咲く。高山の厳しい環境の中で生きるので、養分を蓄えるためのお休みである。

タテヤマリンドウ　7〜8月
弥陀ヶ原、室堂平など

草原に小さく低く咲く。曇りや雨でくるくると巻いて閉じ光が当たるとまた開く。草原に星屑をまいたよう。

ミヤマリンドウ　7〜8月
弥陀ヶ原〜大汝山

タテヤマリンドウと似て小さい。

ミヤマキンバイ　7〜8月 室堂平など

オヤマリンドウ
8月
雷鳥荘へ向かう尾根など

シナノキンバイ　7〜8月 室堂平など

イワイチョウ
7〜8月

9月には葉が黄色になり、遠目には草原に黄色の花かと見まごう。

ミヤマキンポウゲ
8月 一ノ越など

一ノ越への祓い堂の後ろで、雪が消えると一面に咲き、風に揺れる。

ウサギギク
8月 室堂平など

ひまわりに似た花。

イワオトギリ
7〜8月 室堂平など

ミヤマアキノキリンソウ
8〜9月
どこにでも

ミズバショウ
7月 弥陀ヶ原

キヌガサソウ
6～8月
美松坂、浄土沢など

クルマユリ　7～8月

葉が車輪のように輪性する。浄土沢などに群れて咲く。

ミヤマガラシ　7～8月 浄土沢

イワカガミ
7～8月 天狗平

ヨツバシオガマ
7～8月 室堂平

ウメバチソウ
8月 弥陀ヶ原

シモツケソウ
8月 弥陀ヶ原、僧ヶ岳の仏ケ平など

ゴゼンタチバナ
8月 弥陀ヶ原、室堂平など

シラネアオイ
7～8月 大日岳

タテヤマウツボグサ
7～8月 弥陀ヶ原

イワショウブ
（ベニヒカゲが吸蜜）
8月 弥陀ヶ原、大日平

モウセンゴケ（白い花をつけている）7月 弥陀ヶ原

ウルップソウ
7～8月 雪倉岳

ヒオウギアヤメ
7～8月 栂海新道のアヤメ平

ニッコウキスゲ
8月 剱沢平蔵谷出合

ニッコウキスゲは、弥陀ヶ原に目立って群生する。室堂平ではあまり見られない。剱沢の平蔵谷出合や長次郎谷出合付近などにも斜面を黄色に染めて咲く。

五色ヶ原は花の絨毯

湿原をピンク色に染めるハクサンコザクラ

ハクサンコザクラ　7月

クロユリ　7月

ミヤマトリカブト　7〜8月

アオノツガザクラ　7〜8月

ツガザクラ　7〜8月

コツガザクラ　7〜8月

ハクサンフウロ　7〜8月

ハクサンフウロとハクサンボウフウの先に五色ヶ原山荘と鳶山

岩場や稜線に咲く花

チシマギキョウ　7〜8月 雄山

トウヤクリンドウ
7〜8月 浄土山

ミネウスユキソウ
7〜8月 剱岳

イワギキョウ
7〜8月 浄土山

タカネツメクサ　7〜8月 浄土山

イワツメクサ
7〜8月 浄土山

タカネスミレ
7〜8月 浄土山

タカネバラ
7〜8月 東一ノ越、朝日岳

タカネウスユキソウ
7〜8月 別山

ミネズオウ
7〜8月 浄土山

タカネマツムシソウ
7〜8月 大日岳

チョウノスケソウ
7月 一ノ越のガレ場に少しだけ

ミヤマクワガタ　7〜8月 剱御前

ミヤマダイコンソウ　7〜8月 剱岳

早春の山を彩る花

カタクリ　5月
剱岳早月尾根の登山口馬場島

フクジュソウ　4月初旬
県内では赤祖父山だけに自生

エンレイソウ
5月 馬場島など

イワウチワ
大鷲山、南保富士など
早春の尾根道の林床に

ニリンソウ
5月 馬場島など

ササユリ
6〜7月
濁谷山、極楽坂山など

サンカヨウ
5月
馬場島など

ブーツをはいたように
足にも白い毛（5月室堂平）

雪の剱岳を背にライチョウ
（5月剱沢）

立山の人気者……………………

ライチョウとオコジョ

ライチョウの全国の生息数は約3000羽、そのうちの約1400羽が立山一帯に生きている。天敵のイヌワシを恐れ、ガスのかかった日に多く行動するところから雷の鳥、雷鳥といわれる。

5月は縄張り確保。6月、つがい形成の時期は、人間など気にしないので、よく観察できる。7月は産卵と抱卵。

7月下旬、5〜6羽のヒナを連れたメスを見かける。ヒナは高山の低温や雨から体温を保つため、しばしば親の羽の中に潜り込む。神の鳥ともいい、大切に見守られている。

登山道や山荘脇の石垣で、オコジョに出会うことがある。顔つきや動作はとてもかわいく、動きは敏捷、人に対する警戒心はあまりない。かわいい顔して爪は鋭い。ライチョウの卵をねらう、ヒナも襲う。ライチョウの天敵と言える。地球温暖化で平均気温が上がると、ライチョウやオコジョの生息域はどうなるだろう。ともに元気で生き続けられる立山であってほしい。

人をからかって遊んでくれたオコジョ（奥大日岳への木道で）

01

誇り高く屹立する岩と雪の殿堂

剱岳① 別山尾根

つるぎだけ　2999m

べっさんおね

一泊二日

第1日　歩行時間＝3時間30分　歩行距離＝4・5㎞

第2日　歩行時間＝10時間　歩行距離＝10・5㎞

技術度

体力度

コース定数＝**47**

標高差＝566m

累積標高差　↗1696m　↘1696m

剱岳は、立山《たてやま》連峰の中心をなす山で、日本アルプスのシンボル的な存在である。山頂から四方へ鋭い岩稜を張り出し、「剱岳」の名がぴったりだ。岩登りや積雪期登山で、日本の近代登山の発展に大きくかかわってきた山でもある。一般登山道は別山尾根と早月《はやつき》尾根で、どちらも手強いが、多くの登山者に親しまれているのは室堂《むろどう》から入山する別山尾根である。

第1日　室堂平から剱沢へ

室堂ターミナルから、雷鳥荘《らいちょうそう》を経由し、**雷鳥平**《らいちょうだいら》にいたる。浄土沢《じょうどさわ》にかかる橋を渡り、雷鳥沢コース

■**鉄道・バス**

往路・復路＝室堂平が起点となる。富山駅からは富山地方鉄道で終点の立山駅下車、所要約1時間、立山黒部アルペンルートのケーブルカー、バスを乗り継いで行く。所要約1時間。長野県側からはJR信濃大町駅からバス、立山黒部アルペンルートのトロリーバス、ケーブルカー、ロープウェイ、バスを乗り継いで室堂平へ。所要2時間前後。ただし、富山側、長野側とも、ハイ・シーズンには長い待ち時間がある。

■**マイカー**

富山県側は北陸自動車道立山ICから県道3・6号で約24㌔、立山駅周辺の駐車場に停めて、立山黒部アルペンルートで室堂平へ。長野県側からは長野自動車道安曇野ICから約43㌔の扇沢の駐車場で車を停め、立山黒部アルペンルートを利用する。

■**登山適期**

ベストシーズンは7月下旬～9月中旬。早い時期は前剱に急な雪渓が残るので、滑落の危険が大きい。登山道が完全に出るのを待ちたい。

■**アドバイス**

▽別山尾根の鎖場には1～14の番号がつけられている。事故の場合は番号を連絡すること。

▽岩場の所要時間は、その人により、また人数により大きく異なる。そのうえ、鎖場の混雑状況が加わるので、

真夏の剱沢キャンプ場と剱岳

剱沢上部に別山と剱御前を望む

時間には余裕をもって行動したい。
▽前剱から先の鎖場は登りルートと下りルートがあるので注意が必要。間違えると、危険なうえ、他の登山者に大変迷惑をかけることになる。
▽事故の大半は下降時に発生している。転倒、転落、滑落、落石などの事故は、下山時特有といってもよい。急峻な岩山である剱岳では特にそれが顕著である。
▽剱沢キャンプ場の野営管理所には山岳警備隊が常駐し、診療所もある。

■問合せ先

剱沢小屋☎080・1968・1620、剣山荘☎090・2372・5799、立山黒部アルペンルート☎076・432・2819

■2万5000分ノ1地形図

剱岳・立山

をジグザグに登って剱御前《つるぎごぜん》小舎のある**別山乗越**《べっさんのっこし》に着く。ここから剱岳へは、稜線通しに剱御前を越えていくもの、山腹を横切って剣山《けんざん》荘《そう》に向かうもの、剱沢《つるぎさわ》小屋経由のものと3本あるが、本項では剱沢小屋泊とする。別山乗越から下っていくと、剱沢のキャンプ場と**剱沢小屋**がある。

第2日　剱岳往復後、室堂平へ

剱沢小屋の裏側に登山道がある。暗いとちょっとわかりにくいが、看板がある。剱沢を横切って剣山荘に向かう。途中、8月中旬まで雪が残るところもある。**剣山荘**を経て1時間ほどで**一服剱**《いっぷくつるぎ》のピークに出る。ここから前剱《まえつるぎ》までは浮石も多くスリップや落石に気をつけたい。7月中旬まで部分的に雪が残ることがある。

前剱から本格的に鎖場が出てくる。コースはところどころで登り

山頂直下の最後の登り

前剱からの下り

と下りが別コースの一方通行になっている。基本的には右側が登りコースだ。**平蔵《へいぞう》のコル**からは、カニのタテバイとよばれる急峻な岩壁になる。別山尾根コースのクライマックスだ。前を登る人の足裏が見えるような鎖場で、最盛期には順番待ちの行列ができる。ここをすぎると、まもなく早月尾根からの登山道に合流して**剱岳**頂上に到達する。

剱岳山頂には祠があり、北アルプス全山が見わたせる眺望のよさである。特に間近に見える八《や》ツ峰《みね》の鋭い岩稜が印象的だ。

展望を楽しんだら下山にかかろう。剱岳は、下山にこそ細心の注意が必要である。下り専用ルートのカニのヨコバイは、最初の一歩で足もとが見えにくいが、鎖もあり、落ち着いて足をのばそう。続いて、垂直の長いハシゴを下ると**平蔵のコル**に下り立つ。このあとも鎖場が連続するので、気を緩めないようにしたい。

剱沢小屋に戻り、前日のコースを**室堂平**に戻る。

カニのヨコバイ。トラバースに入る1歩が見にくいが、鎖をしっかりつかんで、50㌢ほどのテラスにまっすぐに立てば、スタンスが確認できる。

CHECK POINT

1

剱沢野営場管理所。剱沢小屋はこのすぐ下に移転した

2

前剱大岩。左側のしっかりした岩場を進む。浮石、落石に注意が必要

3

前剱をすぎて最初に出てくる鉄のハシゴと鎖

4

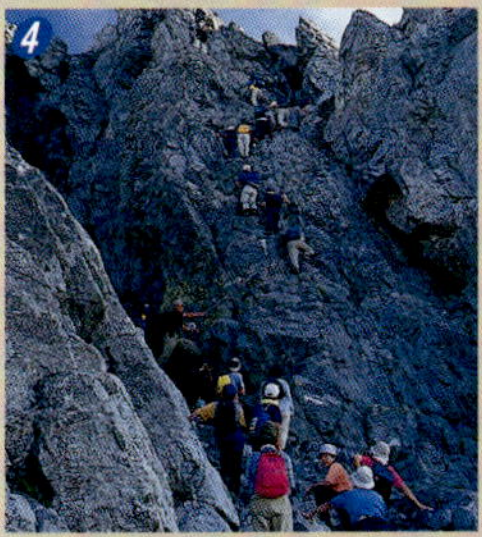

カニのタテバイ。順番待ちの時も上部からの落石に注意が必要

5

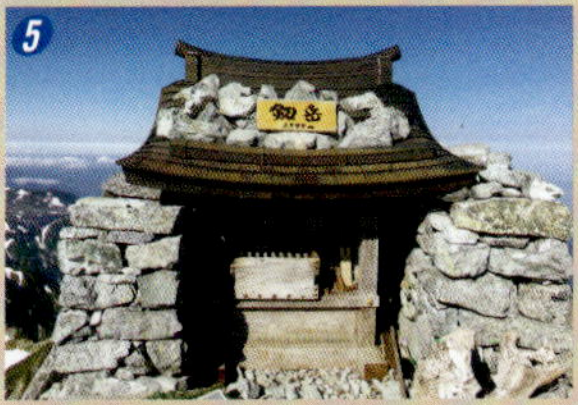

剱岳山頂の祠。賽銭は雄山神社に奉納される

6

カニのヨコバイは、岩にしがみつかず、岩から体を離して慎重に通過しよう

7

平蔵のコルから見た平蔵の頭。濡れていると、登りも下りもすべるので注意

8

前剱大岩の鎖。鎖沿いに進む。武蔵のコルから、一服剱まで休まずに下ろう

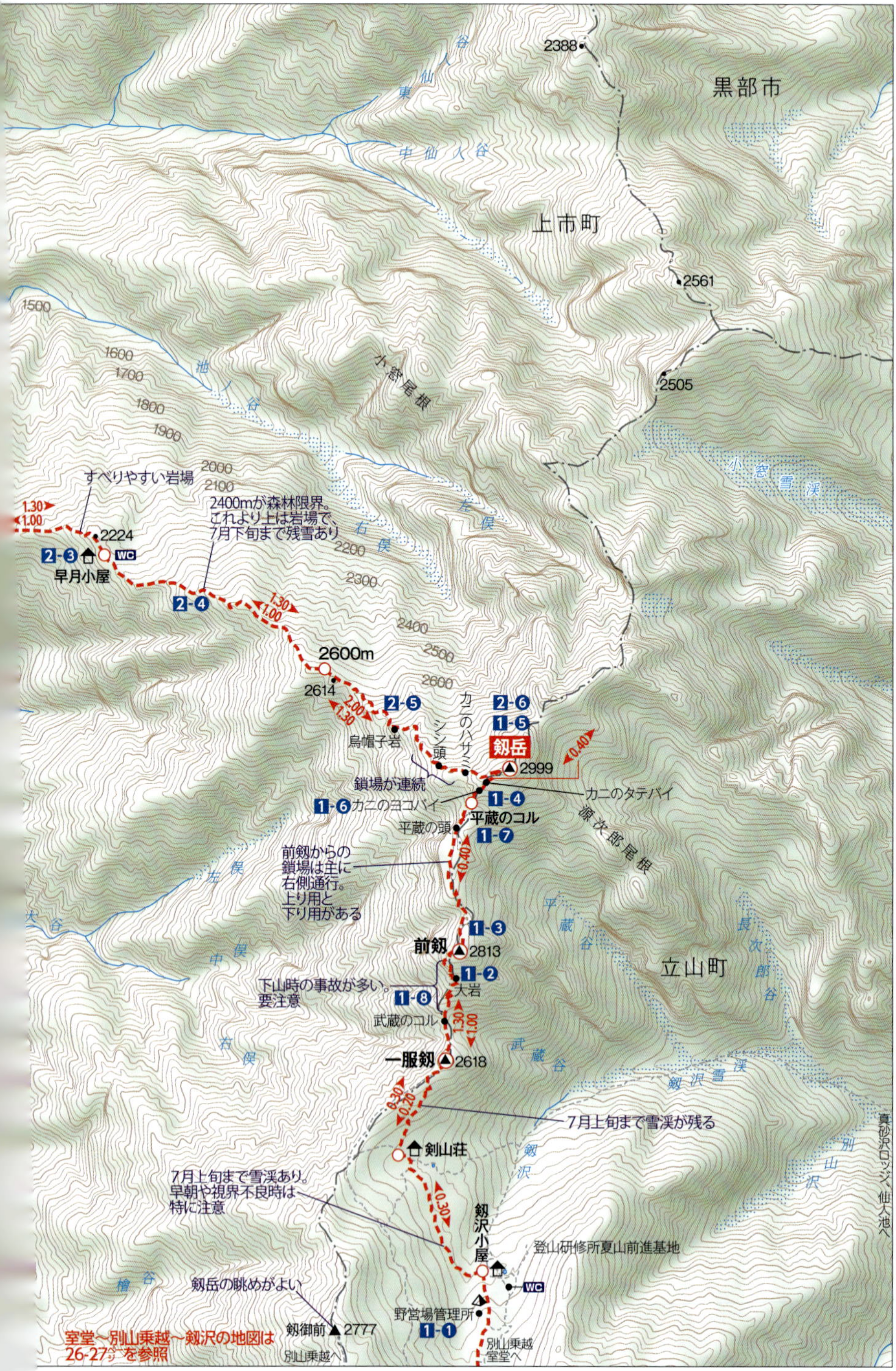

黒部市
上市町
立山町
2388
2561
2505
東仙人谷
中仙人谷
池ノ谷
小窓尾根
小窓雪渓
左俣
右俣
1500
1600
1700
1800
1900
2000
2100
2200
2300
2400
2500
2600
すべりやすい岩場
2400mが森林限界。
これより上は岩場で、
7月下旬まで残雪あり
1.30
1.00
2224
2-3
早月小屋
WC
2-4
2600m
2614
2.00
1.30
2-5
烏帽子岩
シシ頭
カニのハサミ
2-6
1-5
剱岳
2999
0.40
鎖場が連続
1-6 カニのヨコバイ
1-4
カニのタテバイ
平蔵のコル
平蔵の頭
1-7
源次郎尾根
前剱からの
鎖場は主に
右側通行。
上り用と
下り用がある
1-3
前剱
2813
1-2
大岩
下山時の事故が多い。
要注意
1-8
武蔵のコル
一服剱
2618
平蔵谷
長次郎谷
武蔵谷
剱沢雪渓
大谷
中俣
7月上旬まで雪渓が残る
剣山荘
0.30
0.20
剱沢
別山沢
真砂沢ロッジ、仙人池へ
7月上旬まで雪渓あり。
早朝や視界不良時は
特に注意
剱沢小屋
登山研修所夏山前進基地
檜谷
剱岳の眺めがよい
剱御前
2777
野営場管理所
1-1
別山乗越へ
別山乗越
室堂へ
室堂～別山乗越～剱沢の地図は
26-27ページを参照

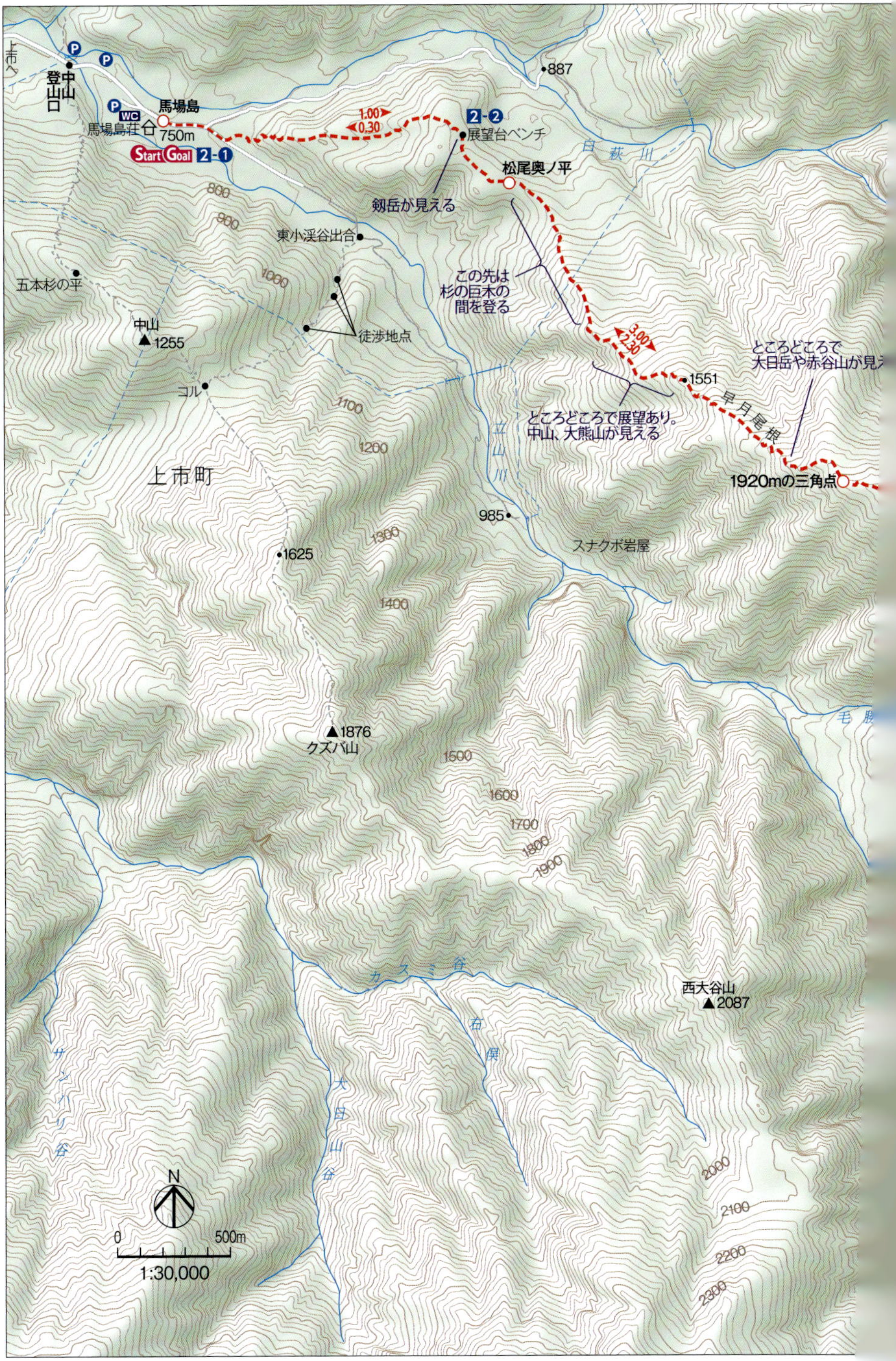
上市へ
中山登山口
馬場島
馬場島荘
750m
Start Goal 2-1
1.00
0.30
2-2
展望台ベンチ
887
白萩川
松尾奥ノ平
剱岳が見える
東小渓谷出合
五本杉の平
この先は杉の巨木の間を登る
中山
1255
徒渉地点
3.00
2.30
1551
早月尾根
ところどころで大日岳や赤谷山が見え
コル
ところどころで展望あり。中山、大熊山が見える
立山川
上市町
1920mの三角点
985
スナクボ岩屋
1625
1876
クズバ山
毛勝
カスミ谷
西大谷山
2087
石ノ俣
サンナリ谷
大日山谷
N
0
500m
1:30,000

02

日本一の大きな標高差を登る

剱岳② 早月尾根

つるぎだけ　はやつきおね　2999m

一泊二日

第1日　歩行時間＝5時間30分　歩行距離＝5.0km
第2日　歩行時間＝10時間　歩行距離＝10.0km

技術度
体力度

コース定数＝57

標高差＝2249m

累積標高差 ↗2355m ↘2355m

早月尾根の標高差は2200メートル。訪れる人は別山《べっさん》尾根の1割にも満たない。それゆえ、より静かな山登りが楽しめる。1泊2日で、この尾根を往復してみよう。

早月尾根の2400メートル付近から山頂を見る

第1日　馬場島から早月小屋へ

マイカーを利用する登山者が多いが、そうでない場合は、富山駅から富山地方鉄道の電車に乗り上《かみ》市《いち》駅で下車。ここから登山口の馬《ばん》場島《ばじま》までは、タクシーを利用する。**馬場島**には馬場島荘とキャンプ場があり、その奥が早月尾根の登山口だ。登り口に大きな標識がある。

いきなりの急登だが、あわてず、ゆっくり登ろう。松尾平《まつおだいら》にさしかかると緩やかになり、**松尾奥《おく》ノ平《だいら》**でひと息つくことができる。再び急登となり、いっきの登りである。高度200メートルごとに標柱があるので、行程の目安になる。1921メートルの三角点に着くと視界が開け、大日岳《だいにちだけ》方面を望むことができる。その先で池塘のある小さな草原に出合う。

このあと溝状になった登山道を登って、固定ロープが張られたすべりやすい岩を登ると、小さな突起に出る。すぐ先に**早月小屋**があり、小窓《こまど》尾根の荒々しい岩壁が目の前に見える。1日目はここに泊まろう。

第2日　剱岳に登頂し、馬場島へ

小屋の朝は、剱岳のシルエットではじまる。きつい登りは、日のあたらないうちに登ろう。早月小屋を出てしばらくで森林限界を抜ける。2400メートルを超えると、そこはもう岩の世界だ。剱尾根や小窓尾根の岩壁が1000メートルのスケールで池《いけ》ノ谷《たん》へいっきに薙ぎ落ちるダイナミックな景観が目前に展開する。

2600メートルからは鋭い岩稜となる。早月尾根の核心部で、鎖場が

■鉄道・バス
往路・復路＝電鉄富山駅から富山地方鉄道で上市駅へ。所要30分弱。上市駅からはタクシーを利用して馬場島へ。所要約40分。

■マイカー
北陸自動車道立山ICから県道3、46、333号で約25キロ、馬場島の駐車場へ。

■登山適期
7月中旬～10月初旬が適期だが、ベストは7月下旬～8月。早い時期には上部に急な残雪があり、しっかりした雪上技術を身につけた人でないと難しい。また、10月に入って新雪が降ると2800メートル以上では日中でも解けず、薄氷が岩棚に張りつくので気をつけたい。

■アドバイス
▽7月中旬までは上部に急な雪渓の横断があり、ピッケル、アイゼンが必要。
▽馬場島と早月小屋ともにキャンプ可。ただし、早月小屋では8月に入ると、小屋の水さえ不足するので、水を購入できないこともある。
▽途中に避難小屋はないので、最小限ツェルトぐらいは持参しよう。
▽ルート全体でキャリアによっては携帯電話が通じる。
▽馬場島荘は宿泊や食事、入浴ができる。

■問合せ先

早月尾根上部から見た立山川と奥大日岳。写真中央奥は薬師岳

連続して現れる。池ノ谷側の岩棚を横切ることが多いが、足もとは池ノ谷に急激に落ちこんでおり、赤や黄色のペンキ印をはずさないように登ろう。別山尾根から登ってくる道に合流すれば、すぐに**剱岳山頂**である。

下山時の岩場は、登りよりもさらに注意深く行動しよう。剱岳山頂から馬場島まで、標高差2200㍍をいっきに下ることになるので、充分にトレーニングを積んだうえで挑戦しよう。

別山尾根コースで下山する場合は、さらに鎖場が多いので充分に気をつけたい。近年は日帰りで挑戦する人も多く見かけるようになったが、往復10時間以上かかるので、経験者のみ許されることだろう。ゆっくりしたければ、早月小屋に2泊するとよい。

上市町役場産業課☎076・472・1111、早月小屋☎090・7740・9233、馬場島荘☎076・472・3080、上市交通タクシー☎076・472・0151

■2万5000分ノ1地形図 剱岳

CHECK POINT

1

剱岳早月尾根コース登山道入口。ここから長い早月尾根の登りがはじまる

2

ジグザグの急登を登ってひと休み。ベンチのある松尾奥ノ平

3

小屋の前は広場になっており、ベンチでゆっくり休める

4

2400㍍付近から早月小屋を振り返る

5

2600㍍を超えると岩稜に鎖場が連続して現れる

6

にぎわう夏の最盛期の剱岳山頂

＊コース図は20～21㌻を参照。

03

剱岳東面を半周、池面に映える八ツ峰の岩峰群を眺める

剱岳③ 仙人池

せんにんいけ 2100m
（最高地点／別山乗越＝2750m）

二泊三日

第1日 歩行時間＝3時間30分 歩行距離＝8.0km
第2日 歩行時間＝7時間15分 歩行距離＝7.0km
第3日 歩行時間＝12時間20分 歩行距離＝16.5km

技術度
体力度

コース定数＝**79**

標高差＝317m

累積標高差 ↗2568m ↘4301m

剱沢から仙人池を経て欅平に下るコースは、秋の紅葉を眺めるコースとして人気が高い。

第1日 剱沢小屋まで

（「01剱岳・別山尾根」の項を参照）

第2日 剱沢から仙人池へ

仙人池に映る紅葉の逆さ剱

剱沢小屋から下っていくと、道は剱沢雪渓と並行するようになる。どこで雪渓上に移るかは、その年の融雪状況による。雪に慣れない人は、アイゼンを着用しよう。雪渓は秋になるほど硬く、すべりやすくなる。平蔵《へいぞう》谷、長次郎《ちょうじろう》谷が合流し、雪の多い時は真砂《まさご》沢《さわ》ロッジまで雪上を行くが、8月には長次郎谷出合で左岸の道に入る。じきに**真砂沢ロッジ**に着く。

ここから小さな沢を2つ横切っていく。水流が岩壁に接するところでは鎖がつけられ、高巻となる。河原を歩いて**二股**《ふたまた》に着く。吊橋を渡り、巨岩のゴロゴロする間を縫うと、今は廃道となった池の平への道との**分岐点**になる。歩きはじめは標高も低く、風も通らないため暑い。上部では視界が開け、八ツ峰《やみね》の岩峰群と三《さん》ノ窓《まど》雪渓が望まれる。やがて仙人池ヒュッテの赤い屋根が見えてくる。木道を下ると、まもなく**仙人池ヒュッテ**に着く。池に映える八ツ峰の絶景を楽しもう。

第3日 阿曽原温泉を経て欅平へ

仙人池ヒュッテの玄関横から、急斜度を灌木につかまって下り、仙人谷に下りる。夏のころは雪上を歩くが、雪がなくなると滝が現れ、高巻になる。**仙人温泉**から、源泉方向に少し登り、雲切コースに入る。山腹を横切るように進み、尾根上に出る。標高1400メートルくらいのところの眺望が実によい。**仙人ダム**に出て、関西電力人見平《ひとみだいら》宿舎の前を通って小尾根を登り、水平道に出てまた下ると、阿曽原《あぞはら》温泉小屋だ。なお、これまでの阿曽原峠経由の登山道は廃道とな

■**鉄道・バス**

往路＝室堂平が起点となる。富山駅からは富山地方鉄道で終点の立山駅下車、所要約1時間、立山黒部アルペンルートのケーブルカー、バスを乗り継いで行く。所要約1時間。長野県側からはJR信濃大町からバス、立山黒部アルペンルートのトロリーバス、ケーブルカー、ロープウエイ、バスを乗り継いで室堂平へ。

復路＝欅平から黒部峡谷鉄道に乗り、宇奈月駅で富山地方鉄道に乗り換え、新黒部駅下車、徒歩1分のJR北陸新幹線黒部宇奈月温泉駅へ。あるいは、富山地方鉄道で電鉄富山駅へ。

■**マイカー**

富山側は北陸自動車道立山ICから県道3、6号で約24キロ、立山駅周辺の駐車場に停めて、立山黒部アルペンルートで室堂平へ。長野県側からは長野自動車道安曇野ICから約43キロの

り、雲切《くもきり》コースが新設された。

阿曽原温泉小屋からはキャンプ場を経て阿曽原谷に下り、樹林帯を少し登って水平道に入る。水平とはいうものの、崩壊地では大きく高巻する。また、狭い登山道なので追い越しはできず、すれ違うのも容易ではない。大きな団体と行き違うときなどは、時間がかかる。**志合《しあい》谷トンネル**は折れ曲がっており、真っ暗なので、ランプをつけて歩こう。送電線鉄塔の先でいっきに下り、**欅《けやき》平《だいら》**に着く。

雲切新道から見る後立山の峰々

CHECK POINT

剱沢を下ると雪渓に出る。安定したところでアイゼンを付けよう。年によって、雪がほとんどない時もある

二股にかかる吊橋。通常、10月10日には撤去される

北股の分岐点。赤いペンキで「仙人」と書かれた大きな岩が目印

仙人池ヒュッテの玄関。親切なスタッフに見送られて小屋を出発

仙人ダムの施設の中に登山道がある。必ず案内板通りに進むこと

志合谷のトンネル。ヘッドランプがないと歩けない

扇沢の駐車場で車を停め、立山黒部アルペンルートを利用する。

■登山適期

7月下旬～10月上旬。雪渓が歩きやすいのは7月下旬。紅葉の美しいのは10月上旬。ただし、9月以降は雪渓の状態が悪くなり、所要時間が倍増する。

■アドバイス

▽第3日目に、阿曽原温泉小屋着が正午をすぎたら、欅平の最終軌道に間に合わない。いさぎよく阿曽原温泉に泊まろう。露天風呂にゆったり入るのもよい。

▽雪渓を下るので、しっかりした登山靴で歩きたい。ヘッドランプ、アイゼンは必携。

▽水平歩道では、毎年、転落事故があり、収容は困難を極める。漫然と歩かないこと。

▽志合谷周辺は、雨天時、いたるところに滝が出て危険な状況になる。

■問合せ先

真砂沢ロッジ☎090・5686・0100、池の平小屋☎090・8967・9113、仙人池ヒュッテ☎090・1632・9120、阿曽原温泉小屋☎0765・62・1148、立山黒部アルペンルート☎076・432・2819、黒部峡谷鉄道☎0765・62・1011

■2万5000分ノ1地形図

立山・剱岳・十字峡・欅平

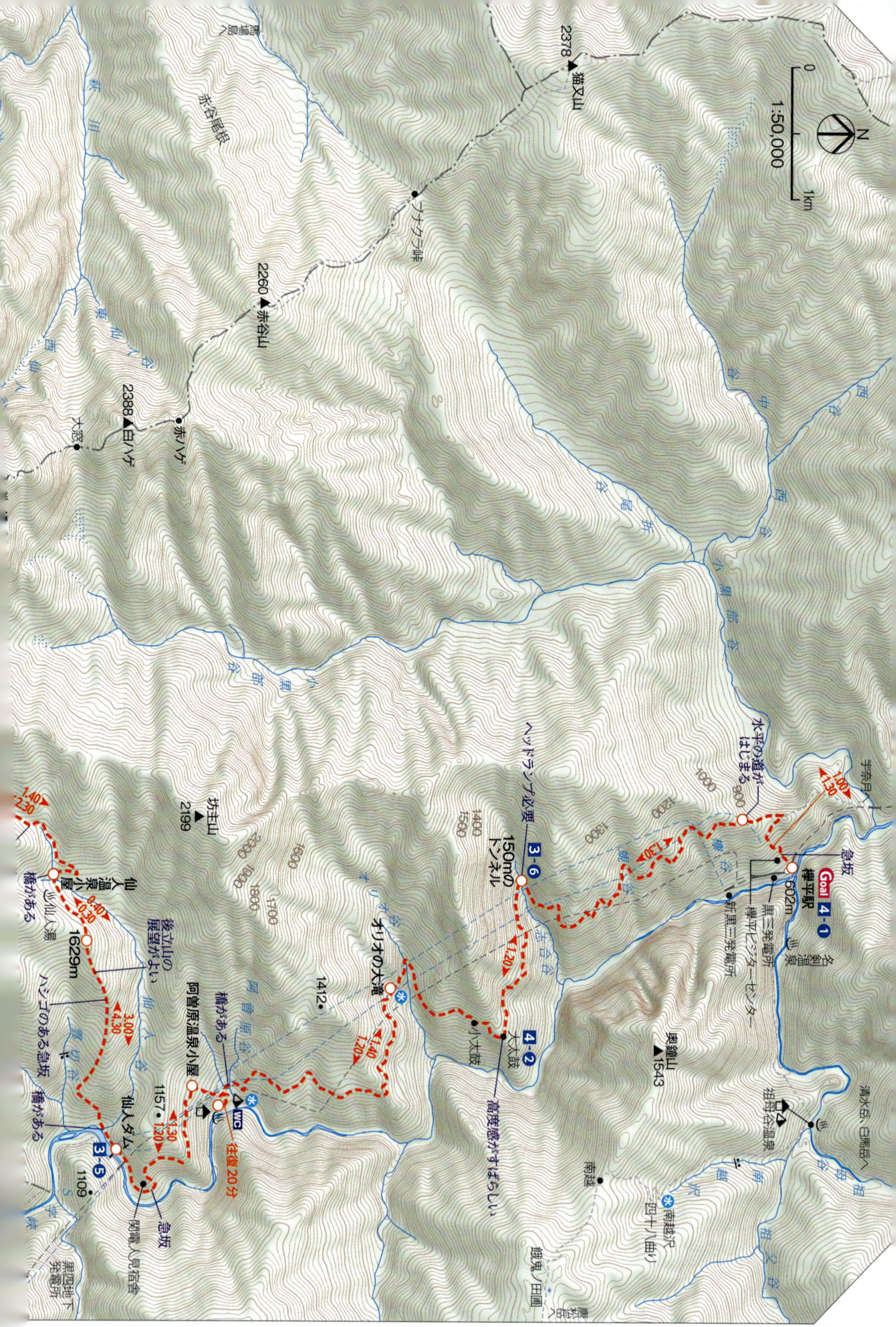
1:50,000
0
1km
N
2378▲猫又山
ブナクラ峠
赤谷尾根
2260▲赤谷山
赤ハゲ
2388▲白ハゲ
大窓
坊主山
2199
仙人温泉小屋
橋がある
仙人湯
1629m
後立山の展望がよい
ハシゴのある急坂
仙人ダム
3-5
1109
急坂
関電人見宿舎
阿曽原温泉小屋
橋がある
1157
往復20分
1412
オリオの大滝
150mトンネル
ヘッドランプ必要
3-6
4-2
大太鼓
小太鼓
高度感がすばらしい
奥鐘山
1543
水平の道がはじまる
Goal
4-1
欅平駅
602m
急坂
名剣温泉
欅平ビジターセンター
黒三発電所
新黒三発電所
祖母谷温泉
南越
南越沢
四十八曲り
1:40
2:30
0:40
0:30
3:00
4:30
1:30
1:20
1:40
1:20
1:20
1:30
1:00
1:30

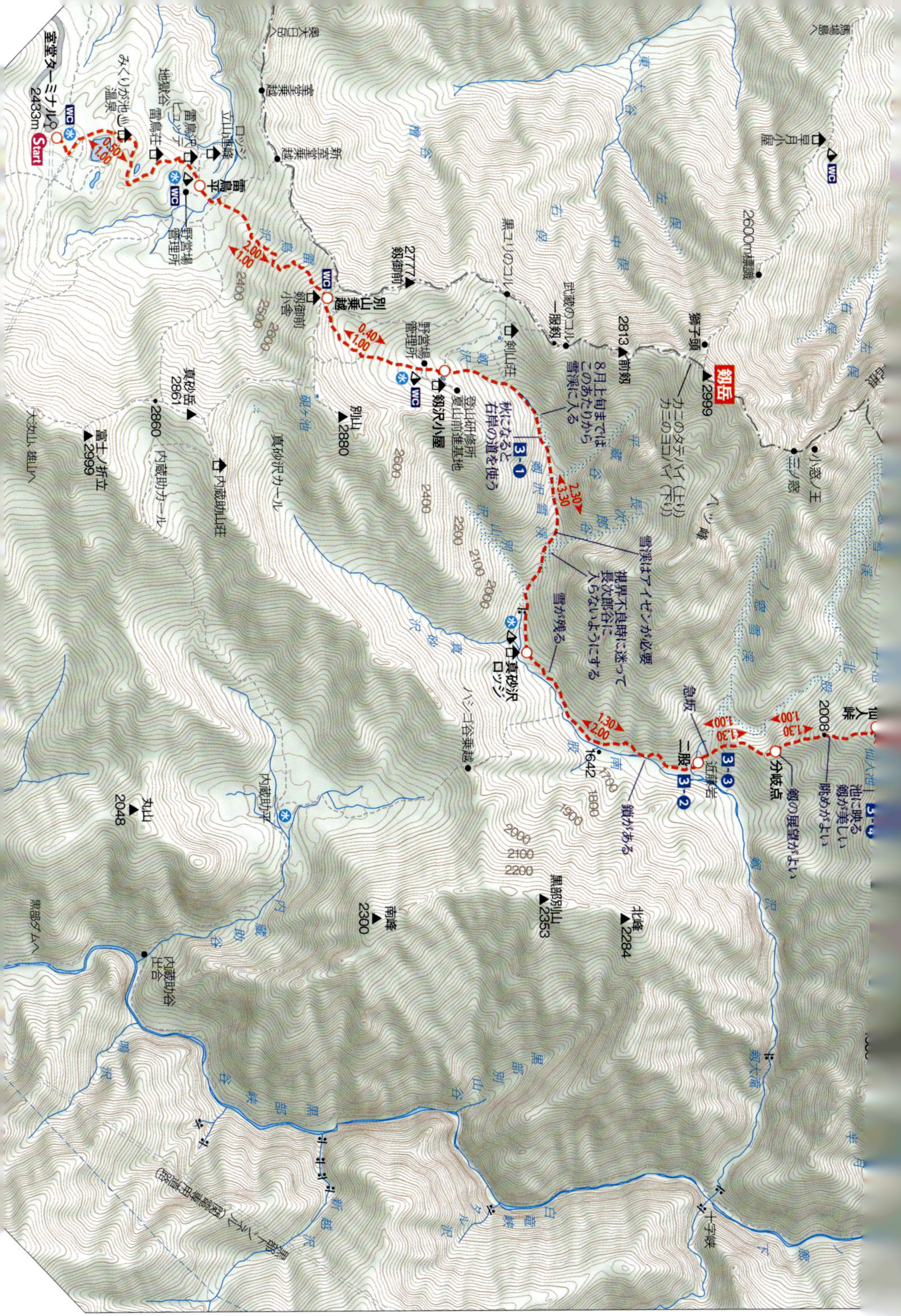
室堂ターミナル
2433m
Start
雷鳥平
剱御前小舎
別山乗越
剱沢小屋
剣山荘
真砂沢ロッジ
二股
分岐点
仙人峠
剱岳
2999
前剱
2813
別山
2880
真砂岳
2861
富士ノ折立
2999
内蔵助山荘
内蔵助平
ハシゴ谷乗越
黒部別山
2353
南峰
2300
北峰
2284
丸山
2048
十字峡

04

紅葉の秋にたどるスリルと迫力の断崖の道

下ノ廊下（黒部川）

しものろうか（くろべがわ）
1433m（黒部ダム）

一泊二日

第1日　歩行時間＝5時間40分　歩行距離＝9・3km
第2日　歩行時間＝9時間45分　歩行距離＝17・0km

技術度 ▲▲▲▲
体力度 ●●●●

コース定数 ＝**87**	
標高差 ＝733m	
累積標高差	↗4845m ↘4102m

黒部峡谷の深い切れ込みを感じるS字峡

黒部川は、3000㍍級の峰々に積もる大量の雪が、豊かな水になって岩盤を削り、みごとなV字谷を形成している。下ノ廊下とよばれる部分はS字峡《えすじきょう》、十字峡《じゅうじきょう》、白《はく》竜峡《りゅうきょう》と切り立った断崖に細い道が続いている。カメラを構えて一歩動いたばかりに100㍍墜落したなどはよくあることだが、収容は困難を極める。危険をわきまえた上でスリルと迫力を楽しみたい。

第1日　欅平から阿曽原温泉小屋

欅平《けやきだいら》から標高差200㍍を登って水平道に出て、対岸の奥鐘山《おくかねやま》の岩壁を眺めながら進む。志合《しあい》谷は谷の裏側を真っ暗な長い**トンネル**でくぐる。トンネルを出たところはツルツルの岩壁で、雨の日にはあたり一面滝だらけになる。大太鼓《おおだいこ》は高度感のある水平道。**オリオの大滝**は水場のある広場。まもなく**阿曽原温泉小屋**に着く。高熱隧道の熱湯を引いた大きな露天風呂がある。

第2日　十字峡、白竜峡を経て黒部ダム

小屋から1時間で人見平《ひとみだいら》に出る。高熱隧道の出口から湯気が出

■鉄道・バス

往路＝黒部宇奈月温泉駅から富山地方鉄道で宇奈月へ。黒部峡谷鉄道で欅平へ。

復路＝立山黒部アルペンルートを利用する。

■マイカー

公共交通の利用がよい。

■登山適期

旧日電歩道の開通は、残雪の状況に左右される。早くて9月、普通は10月に入ってからで、10月末には閉じられる。

■アドバイス

▽黒部ダムから欅平へ下る方法と、逆に欅平から黒部ダムへ登る方法があるが、前者は阿曽原温泉小屋に着くころに疲労困憊し、ちょっとした不注意での転落もある。コースの安全性を考え、欅平からの入山をすすめる。

▽志合谷トンネルにはヘッドランプ必携。できればヘルメットも。断崖の道は大雨になると側壁から滝のように水が落ちる。入山前に最新情報を入手し、天候をよく確認して行動のこと。

■問合せ先

黒部峡谷鉄道☎0765・62・1011、阿曽原温泉小屋☎0765・62・1148、富山県山岳警備隊室堂派出所☎076・465・5778、関電トンネル電気バス☎026

ているのを横目に仙人《せんにん》ダムの上を通る。**東谷の吊橋**を渡れば、いよいよ旧日電歩道に入る。

岩壁に刻まれた狭い道だが針金がきちんと張ってある。しっかりつかみたい。S字峡、半月峡と続くが、足もとはスパッと垂直に切れ落ちており、高度感がすごい。

十字峡をすぎると、断崖に刻まれた道は水面に近くなり、まもなく白竜峡となる。谷幅は狭く道もまた危なげ。下ノ廊下で最も迫力のあるところだ。続く**黒部別山谷出合**はいつも雪渓が残っている。雪渓の残り方によっては、岩と雪の隙間を伝ったり、スノーブリッジの下をくぐったりする。このあともハシゴでの高巻が何箇所も出てくる。**内蔵助谷出合**の橋を渡ったら、まもなく**黒部ダム**である。

内蔵助谷出合の紅葉。丸山東壁を望む

1・22・0804

■2万5000分ノ1地形図
欅平・十字峡・黒部・立山

CHECK POINT

登山口となる黒部峡谷鉄道の欅平駅。コースが長いので水はここで補給する

欅平からの水平道を進む。大太鼓付近は道も整備されていて歩きやすいが、充分に注意して歩きたい。ルート上最も高度感がある

阿曽原温泉小屋。高熱隧道から流れ出る100%かけ流しの露天風呂。キャンプ場もある。

剱沢と棒小屋沢が本流に出合う十字峡。奥が棒小屋沢、手前が剱沢。登山道を離れて見に行く場合はすべりやすいので充分に注意したい

白竜峡の入口。側壁はオーバーハングしており、頭、ザックの接触には注意が必要

黒部ダム。最後の登りは危険なところはないが、あと少しの踏ん張りが必要

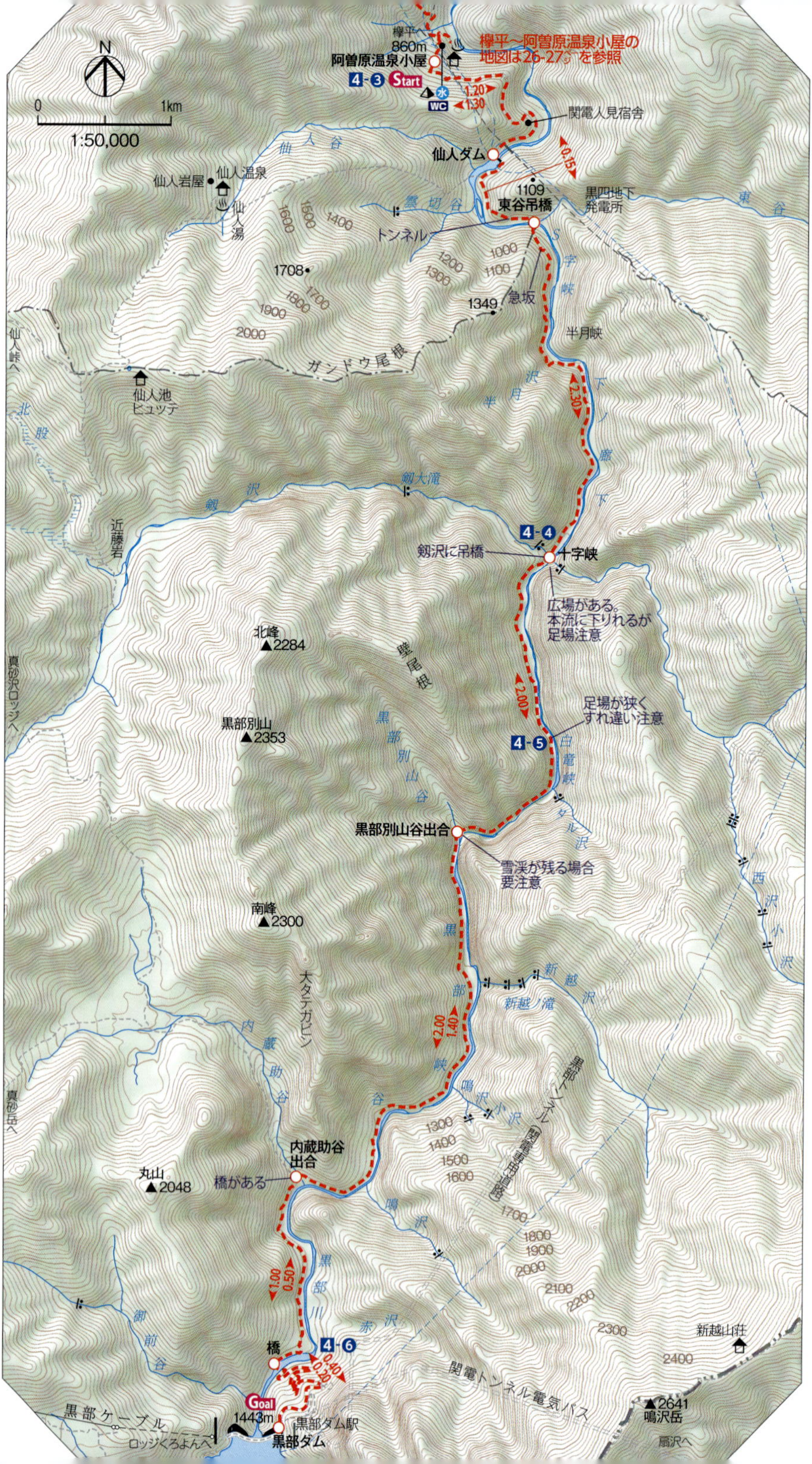
N
0
1km
1:50,000
欅平
860m
阿曽原温泉小屋
4-3 Start
欅平～阿曽原温泉小屋の地図は26-27㌻を参照
水
WC
1:20
1:30
関電人見宿舎
仙人ダム
0:15
仙人谷
仙人岩屋
仙人温泉
仙人湯
雲切谷
1109
東谷吊橋
黒四地下発電所
東谷
トンネル
1708
1349
急坂
S字峡
半月峡
ガンドウ尾根
仙人峠へ
仙人池ヒュッテ
半月沢
下ノ廊下
2:30
北股
剱大滝
剱沢
近藤岩
4-4
剱沢に吊橋
十字峡
広場がある。本流に下りれるが足場注意
北峰
2284
壁尾根
真砂沢ロッジへ
黒部別山
2353
黒部別山谷
2:00
足場が狭くすれ違い注意
4-5
白竜峡
タル沢
黒部別山谷出合
雪渓が残る場合要注意
西沢
小沢
南峰
2300
大タテガビン
新越沢
新越ノ滝
内蔵助谷
黒部峡谷
2:00
1:40
鳴沢
小沢
黒部トンネル（関電専用道路）
真砂岳へ
内蔵助谷出合
丸山
2048
橋がある
鳴沢
1:00
0:50
黒部川
赤沢
御前谷
新越山荘
橋
4-6
0:40
0:30
関電トンネル電気バス
Goal
1443m
黒部ケーブル
ロッジくろよんへ
黒部ダム駅
黒部ダム
2641
鳴沢岳
扇沢へ

05

富山県が誇る立山の主峰・雄山から別山へ縦走

立山

雄山・大汝山・富士ノ折立・別山

おやま　2992m
おおなんじやま　3015m
ふじのおりたて　2999m
べっさん　2880m

日帰り

歩行時間＝6時間50分
歩行距離＝10.0km

技術度
体力度

コース定数＝26

標高差＝582m

累積標高差 ↗1025m ↘1025m

ミクリガ池に映る立山

立山は、富山県が誇る名山であり、古くから信仰の山である。雄山を往復する登山者が多いが、ここでは、縦走コースを紹介しよう。1日では、ややきついので、室堂コース途中の山小屋に泊まれば、ゆとりのある楽しい縦走になるだろう。

立山という独立峰はなく、連峰の総称として用いられている。狭義では雄山、大汝山、富士ノ折立を指しており、浄土《じょうど》山《だいら》、雄山、別山を「立山三山」ともする。本項では、室堂を出て雄山、大汝山、富士ノ折立、真砂岳《まさごだけ》、別山と縦走し、雷鳥《らいちょう》沢を下降することにする。立山黒部アルペンルートの最高地点が室堂《むろどう》ターミナルで、ここから登山コースが各方面に出ている。なんといっても、メインコースは一ノ越《いちのこし》を経て雄山山頂にいたるものである。

室堂ターミナルから歩きはじめる前に、まず玉殿ノ湧水でのどをうるおそう。10分ほどで、立山室堂山荘の横を通りすぎ、石畳の登山道を登っていく。7〜8月上旬は登山道にかなりの雪渓が残っている。このコースの体力配分のポイントは、一ノ越までをゆっくり登ることである。体を薄い空気に慣らし、歩くリズムをつくれば快調に登ることができる。**一ノ越**に着くと急に展望が開ける。バイオ式トイレもあり、ひと息入れるのによい場所である。

一ノ越からは岩屑の多い尾根の

■**鉄道・バス**
往路・復路＝立山黒部アルペンルートを利用する（24ページ参照）。

■**マイカー**
立山駅周辺に駐車場がある。

■**登山適期**
7月中旬〜10月初旬まで。バスは4月下旬から運行するが、そのころはまだ降雪もあり、冬の装備が必要である。誰もが気軽に登山できるようになるのは7月中旬ごろから。紅葉は9月。10月10日ごろには、新雪が数十センチ積もることもある。天候の見極めが大切。

■**アドバイス**
▽春山スキーは4月中旬、立山有料道路の開通ではじまる。5月の連休はケーブルカーの順番待ちが長く、山小屋も予約で満員になる。連休をはずせば、立山の山岳スキーを存分に楽しむことができる。
▽真砂岳の稜線では、平成元年10月8日に8人が凍死している。軽装備の秋山登山者が猛吹雪に遭ったもので、3000メートル級の稜線の厳しさの一面である。

■**散策情報**
▽ミクリガ池は、室堂ターミナルから歩いて10分。北アルプスで、最も美しいといわれる水深15メートル、周囲600メートルの火山湖。5月上旬まで湖面は雪で覆われる。
▽地獄谷は、現在通行止め。

雄山と大汝山の間に見える窪みが国指定天然記念物「立山の山崎圏谷」

急登となる。二《に》ノ越《こし》付近はことに狭く急で、落石や転倒による事故がしばしばあるので、なるべく立ち止まらずに通り抜けたい。なお、行列の順番待ちをきらってルート以外を歩く人がいるが、浮石が動くので、ペンキ印を忠実にたどろう。三《さん》ノ越《こし》で休める。

五《ご》ノ越《こし》で山頂の一角となる。1等三角点2992㍍の標石がある。**雄山**の最高地点には雄山神社峰本社が建ち、3003㍍の黒御影石の標石がある。

鳥居横から縦走路に入る。ほんの少し進んだだけで空気が変わる。山頂のにぎわいがあっというまに消えて、イワギキョウなど可憐な高山植物が目に入ってくる。

登山路は、大汝山山頂をかすめるようにして大汝休憩所に向かう。せっかくだから**大汝山**山頂3015㍍の富山県最高地点に立っていこう。なお、大汝休憩所の営業期間は短く、早い時期や遅い時期には閉鎖されている。

自然の岩畳のような岩原を進み、**富士ノ折立**を横目に急斜面をジグザグに下ると真砂岳との鞍部に出る。広い砂礫の稜線で、内蔵《くらの》助《すけ》カールの豊かな雪渓が稜線間際までできている。左手にのびるのは大走《おおばし》りコースで、エスケープルートとして利用できる。大走りは静かな山歩きをしたい人にはよいコースだが、7月中は下部に急な長い雪渓があるので要注意である。また、**真砂岳**山頂から右に下る道は、内蔵助山荘へのものである。

別山は、山頂を避けるトラバースルートもあるが、近年道は悪くなっている。特に残雪時は危険である。**別山**山頂は広く、祠と硯《すずり》ヶ池がある。別山は剱岳の展望台で、北峰まで足をのばせば八《や》ツ峰《みね》、源《げん》次郎《じろう》尾根、別山尾根、早月尾根をしたがえた剱岳《つるぎだけ》が目の前に広がり、その下に剱沢《つるぎさわ》小屋の赤い屋根が小さく見えている。

別山の祠から西に尾根を下っていくと、トラバースルートと合流し、剱御前小舎《つるぎごぜんこや》の建つ**別山乗越**に着く。登山路の要となっている乗越からは、雷鳥《らいちょう》沢を下るのがいちばん早い。もし体力に余裕があれば、トイレの横から大日岳《だいにちだけ》への尾根に入る、新室堂《しんむろどう》乗越経由もよい。ほんの少し時間が余計にかかるが、高山植物が豊富で楽しい。

浄土《じょうど》沢にかかる橋を渡ると、**雷鳥平**キャンプ場である。雷鳥荘の前を通って**室堂ターミナル**に戻ろう。

▽室堂山展望台からは、立山カルデラを隔てて五色ヶ原や薬師岳を望むことができる。高山植物も豊富。所要2時間。

■問合せ先
立山町商工観光課☎076・463・1121、立山黒部アルペンルート☎076・432・2819、山岳警備隊室堂派出所☎076・465・5778、立山自然保護センター☎076・465・5405

■2万5000分ノ1地形図
立山・剱岳

CHECK POINT

1

立山直下から出ている
「玉殿ノ湧水」

2

一の越山荘からのびる登山道の先に岩尾根の龍王岳が見える

3

雄山最高地点にある雄山神社峰本社

4

富山県最高地点の大汝山山頂

5

真砂岳頂上

6

雷鳥沢コースを下って雷鳥平へ

サブコース

一ノ越～東一ノ越～タンボ平

一ノ越から雄山に登らずに、東一ノ越に向かうコースがある。このコースは高山植物の宝庫である。一ノ越から歩きだしたとたん、ハクサンイチゲの大お花畑で、クルマユリ、トリカブト、タカネバラ、チシマギキョウと続く。ただ、8月上旬まで、東一ノ越の手前に急な雪渓の横断が4箇所あるので、通れる状況かどうかを、事前に山岳警備隊か一ノ越山荘で確かめてから入りたい。

東一ノ越からタンボ平へ下りはじめると、低い灌木の間に、キヌガサソウ、サンカヨウ、エンレイソウが現れる。雪渓が遅くまで残るので、雪渓上を下る時は常に左側の登山道を確認しながら進みたい。ロープウエイの真下に来ると、まもなく黒部平である。ここで黒部平駅にエスケープしてもよいし、さらに下り続けてもよい。ヒメコマツ、ブナなどの巨木の樹林帯を抜ければ黒部湖畔である。

タカネバラ

クルマユリ

一ノ越山荘前から東一ノ越へ向かうコース

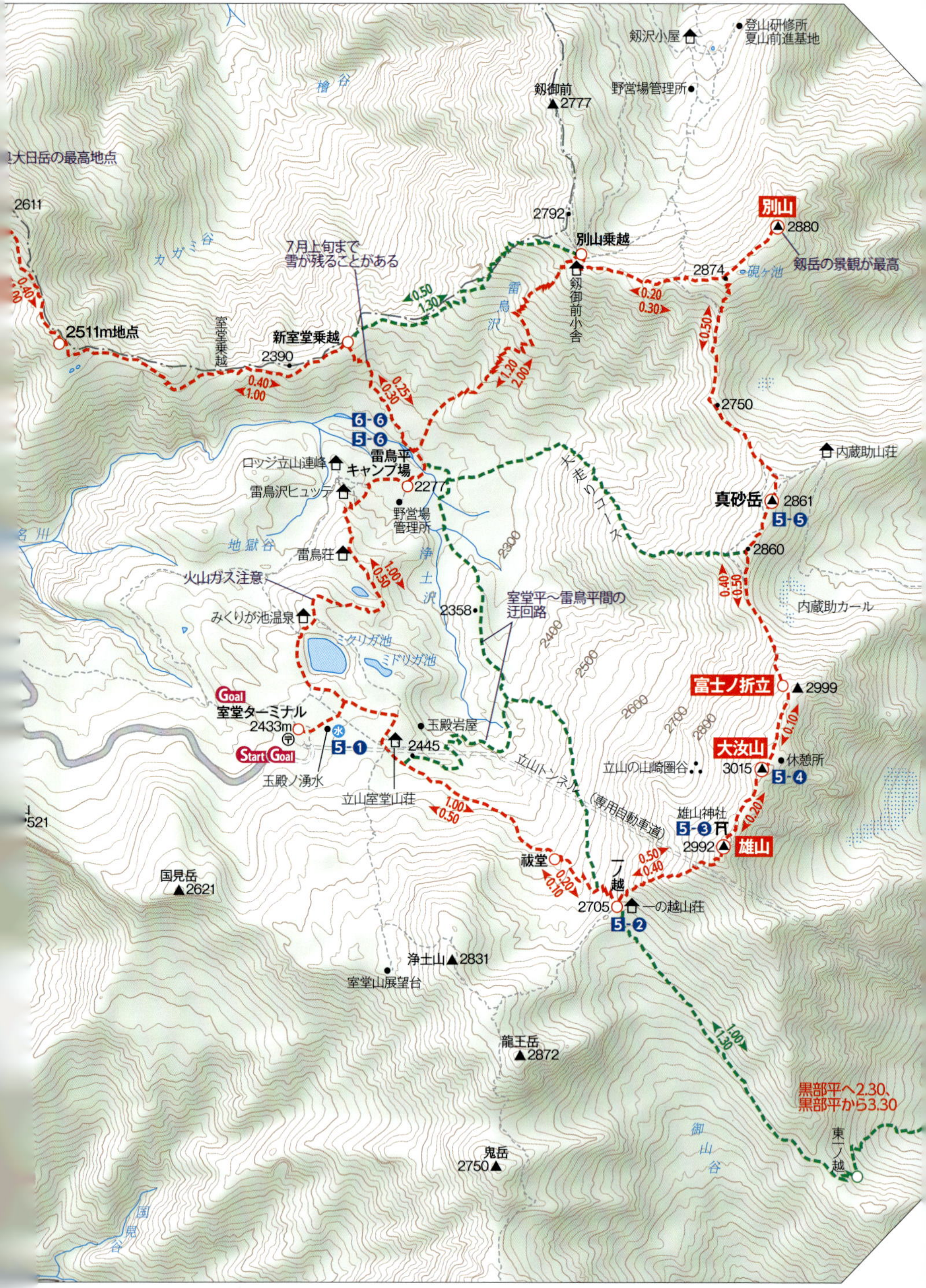
劔沢小屋
登山研修所
夏山前進基地
野営場管理所
劔御前
2777
檜谷
大日岳の最高地点
2611
2792
別山
2880
別山乗越
2874
硯ヶ池
劔岳の景観が最高
劔御前小舎
カガミ谷
7月上旬まで
雪が残ることがある
0.50
1.30
0.20
0.30
0.50
0.40
1.00
2511m地点
室堂乗越
新室堂乗越
2390
0.40
1.00
0.25
0.30
雷鳥沢
1.20
2.00
2750
6-6
5-6
内蔵助山荘
ロッジ立山連峰
雷鳥平
キャンプ場
2277
雷鳥沢ヒュッテ
野営場
管理所
大走りコース
真砂岳
2861
5-5
地獄谷
雷鳥荘
浄土沢
2300
2860
1.00
0.50
0.40
0.50
火山ガス注意
室堂平～雷鳥平間の
迂回路
内蔵助カール
みくりが池温泉
2358
2400
ミクリガ池
ミドリガ池
2500
富士ノ折立
2999
Goal
室堂ターミナル
2433m
玉殿岩屋
2600
0.10
2700
2800
大汝山
水
5-1
2445
立山トンネル
立山の山崎圏谷
3015
休憩所
5-4
Start Goal
玉殿ノ湧水
立山室堂山荘
（専用自動車道）
0.20
1.00
0.50
雄山神社
5-3
2992
雄山
0.50
0.40
祓堂
0.20
0.10
一ノ越
国見岳
2621
2705
一の越山荘
5-2
浄土山
2831
室堂山展望台
1.00
1.30
龍王岳
2872
黒部平へ2.30、
黒部平から3.30
御山谷
東一ノ越
鬼岳
2750
国見谷

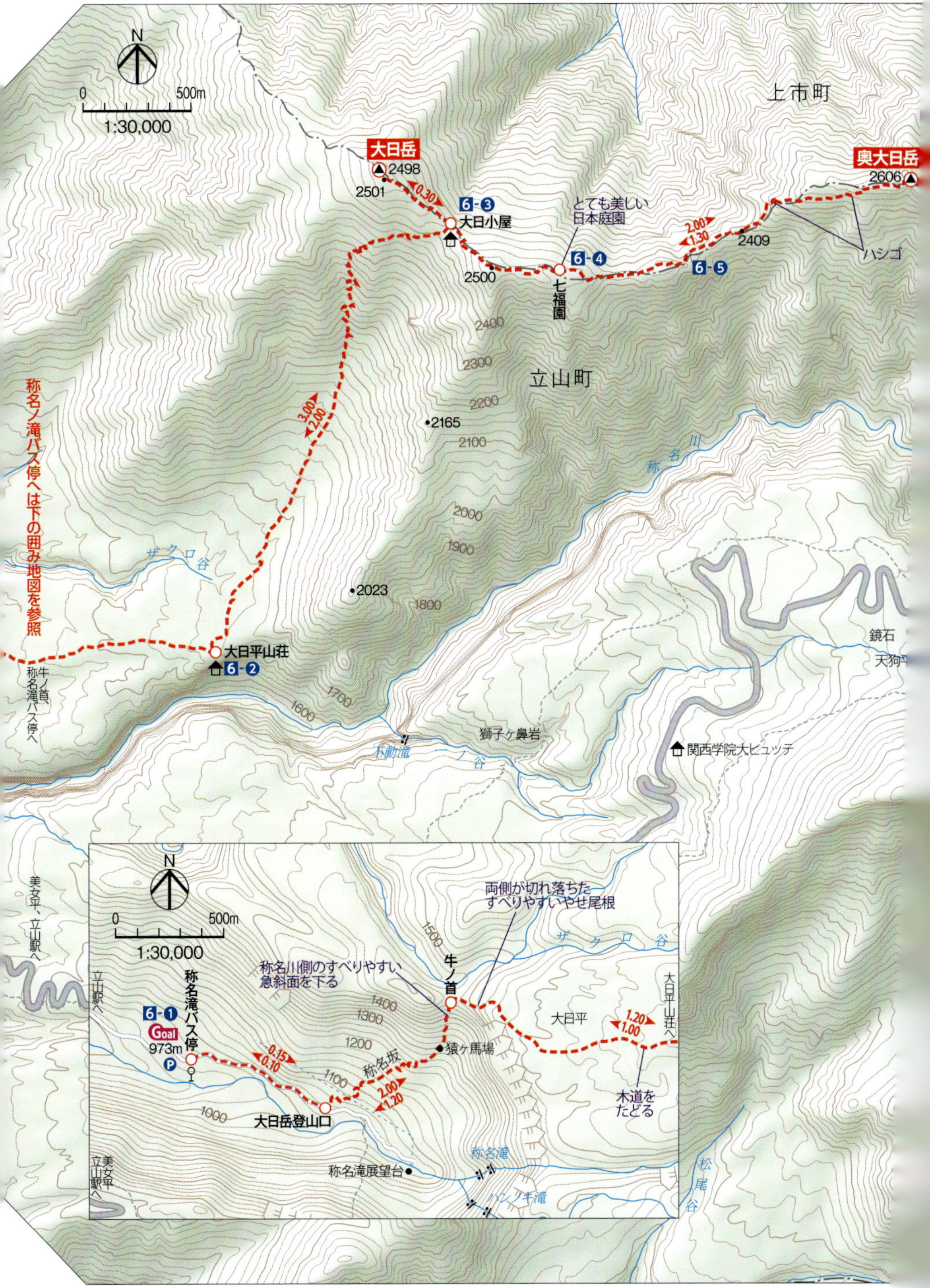

N
0
500m
1:30,000
上市町
大日岳
2498
2501
0:30
6-3
大日小屋
2500
とても美しい
日本庭園
6-4
七福園
2.00
1.30
2409
6-5
奥大日岳
2606
ハシゴ
2400
2300
立山町
2200
2165
2100
3:00
2:00
称名川
2000
1900
ザクロ谷
2023
1800
称名ノ滝バス停へは下の囲み地図を参照
大日平山荘
6-2
牛ノ首、称名滝バス停へ
1700
1600
鏡石
天狗平
獅子ヶ鼻岩
不動滝
一ノ谷
関西学院大ヒュッテ
美女平、立山駅へ
N
0
500m
1:30,000
両側が切れ落ちた
すべりやすいやせ尾根
1500
ザクロ谷
称名川側のすべりやすい
急斜面を下る
牛ノ首
大日平山荘へ
立山駅へ
称名滝バス停
6-1
Goal
973m
1400
1300
大日平
1.20
1.00
1200
猿ヶ馬場
0:15
0:10
称名坂
1100
2:00
1:20
1000
木道を
たどる
大日岳登山口
称名滝
美女平
立山駅へ
称名滝展望台
ハンノキ滝
松尾谷

06

剱岳・立山を間近に望む花の稜線歩き

大日岳・奥大日岳

だいにちだけ　2501m
おくだいにちだけ　2606m

一泊二日

第1日　歩行時間＝7時間35分　歩行距離＝7.5km
第2日　歩行時間＝4時間45分　歩行距離＝7.5km

技術度
体力度

コース定数＝50
標高差＝1633m
累積標高差　2192m　732m

大日岳・中大日岳・奥大日岳は実に大きい。眺めれば手の届きそうな近さにあるのに、歩いてみるとその大きさを実感する。稜線には高山植物が咲き乱れ、剱岳《つるぎだけ》、立《たて》山《やま》が存分に眺められる、静かでよい山である。

←雄山山頂より、大日岳(左)と奥大日岳(右)。手前は室堂平とミクリガ池

←大日小屋から、目の前に迫りくる剱岳

第1日　称名滝～大日小屋

立山駅から称名滝《しょうみょうだき》行きバスに乗る。**称名滝バス停**から称名滝方へ約15分歩くと、**大日岳登山口**の標識がある。はじめは草やぶの道、まもなく急坂となる。途中、猿《さる》ヶ馬場《ばんば》の平坦地を経て、**牛《うし》ノ首《くび》**とよばれる稜線のコルに出る。赤土と岩場、階段や木の根、ハシゴなど、すべりやすいやせ尾根なので足もとには気をつけよう。大日《だいにち》平《だいら》に出ると、チシマザサが絨毯のように広がっている。

木道の先に**大日平山荘**がある。この山荘は何度も雪崩にあったので、大日平の奥まったところに移設されている。

大日平からは緩やかにのびる谷を登る。ササやぶの中で何度か沢を横切る。大岩が現れると、まもなく**大日小屋**に着く。小屋の前から剱岳がよく見える。

小屋から大日岳まで往復しよう。山頂への道はチングルマが多く、**大日岳**山頂からの展望は360度さえぎるものがない。

第2日　大日小屋～奥大日岳～室堂平

大日小屋から中大日岳に向かう。中大日岳は、どこが山頂かわ

■鉄道・バス
往路＝立山駅から称名滝行きバスに乗り、終点下車。
復路＝16ﾍﾟｰｼﾞを参照。
■マイカー
称名滝駐車場を利用する。
■登山適期
7月下旬～10月上旬。ベストシーズンは7月下旬から9月。10月に入る

からないほどのどかな山である。その少し先の七福園《しちふくえん》は、このコース中のハイライトである。大きな岩が折り重なるように展開し、その間を背の低いハイマツやナナカマドが埋め、高山植物が美しく咲いている。時間を忘れそうな別天地である。

ダケカンバ、ハイマツ、ナナカマドの背の低い木と、チングルマ、コバイケイソウ、マツムシソウ、トリカブトなどの花々が、交互に現れる気持ちのよい稜線が続く。ベニバナイチゴも多い。途中には急斜面や崩壊地もあり、適度の慎重さも必要である。

奥大日岳は狭い岩場に山頂標識と三角点があり、ここからは剱岳西面の岩壁群が手にとるように眺められる。奥大日岳の最高地点(2611メートル)は、登山道から少し離れているが、簡単に行ける。

尾根の称名川側を下って室堂乗越に出る。**新室堂《しんむろどう》乗越**まで進み、浄土沢に向かって下る。チングルマやハクサンイチゲのお花畑の中に木道がのびている。浄土沢を渡り、**雷鳥平**を経て**室堂**に着く。

CHECK POINT

1

大日岳の登山口は、称名滝バス停から歩いて約15分

2

高層湿原にたたずむ大日平山荘

3

大日岳山頂から見た大日小屋。ランプとギターの小屋で親しまれている

4

自然が織りなす日本庭園、七福園。かつて修験者が使ったといわれる岩屋が点在している

5

大日岳と奥大日岳の間の鎖場

6

室堂乗越からの展望。右から浄土山、雄山、大汝山、富士ノ折立

と雪の心配もある。

■**アドバイス**

▽称名道路の通行時間は7～18時(例年4月下旬～6月、9月～11月)、6～19時(7～8月)。

▽2012年7月、「立山弥陀ヶ原・大日平」がラムサール条約に登録された。

▽大日岳から奥大日岳の稜線にはベニバナイチゴが多い。花も果実も美しい。

▽新室堂乗越から浄土沢への木道の脇はクロマメノキ(ブルベリーの仲間)が多い。夏から秋にかけて黒紫色に熟する。

▽マイカーを称名滝駐車場(無料)に停めた場合は、下山時に立山高原バスを弘法バス停で下車し、八郎坂を歩いて下りると楽しい。切符を買うとき、弘法で下車することを伝えておこう。ケーブルカーや、称名滝行きバスの時間待ちを考えると、車の回収が早い。八郎坂では称名滝もよく見える。

■**問合せ先**

立山町商工観光課☎076・463・1121、立山開発鉄道立山バスセンター☎076・481・1184、大日平山荘☎090・3295・1281、大日小屋☎090・3291・1579

■**2万5000分ノ1地形図**

立山・剱岳

＊コース図は34～35ページを参照。

07 薬師岳から花の五色ヶ原を経て浄土山へ大縦走

薬師岳

三泊四日

やくしだけ
2926m

第1日　歩行時間＝5時間　歩行距離＝6.5km
第2日　歩行時間＝6時間40分　歩行距離＝9.0km
第3日　歩行時間＝6時間30分　歩行距離＝5.5km
第4日　歩行時間＝5時間40分　歩行距離＝5.5km

技術度
体力度

コース定数＝**84**

標高差＝1571m

累積標高差 3230m 2152m

越中沢岳から見た薬師岳の大きな山容。スゴ乗越小屋が小さな点になって見えている

薬師岳は大きな山である。その優美な山容は富山平野のどこからでも望まれ、多くの人の憧れを集めている。折立《おりたて》から薬師岳まで1泊2日で往復する人が多いが、ここでは薬師岳から越中沢岳《えっちゅうさわだけ》、五色《ごしき》ヶ原《はら》を経て室堂《むろどう》にいたる長い縦走コースを紹介しよう。

第1日　折立から太郎兵衛平へ

入山は有峰の**折立**から。折立までは季節バスが運行され、車の場合は広い駐車場がある。水場、自動販売機、水洗トイレがあり、出発の準備を整えよう。

登山道はしっかりと踏みこまれている。1870メートル三角点までは樹林帯を行く。**三角点**から上は植生保護措置とベンチ整備がされている。ここよりちょっと先の1934メートルの平から美しい草原になる。積雪量を調べるための大きなポールが立っていて、有峰湖《ありみねこ》が見えてくる。7月下旬には、あたり一面がニッコウキスゲで黄色の絨毯のようになる。

少し下り、再び樹林帯を登ると広い草原の尾根となり、石畳の道になる。2196メートル標高点の**五光岩ベンチ**は展望良好。あとは太郎《たろう》兵衛平《べえだいら》まで穏やかな広い尾根で、草原散歩の雰囲気となる。

太郎平《たろうだいら》小屋は奥黒部《おくくろべ》登山の要に位置し、シーズン中は診療所が開設され、山岳警備隊員も常駐している。

第2日　薬師岳からスゴ乗越小屋

薬師峠を経て薬師平に向かう。薬師峠からは、小さな沢を登る。この沢は地図では山腹直登のように見えるが、普段でも水が流れており、雨天時には水量が増えるので気をつけよう。また、7月上旬までは沢の上部に雪渓も残る。

沢を抜けたら、右手へ登って薬師平となる。晴れて、残雪もなければどうということはないが、残雪で沢が埋まり、ガスっていたり

■鉄道・バス
往路＝富山地方鉄道を有峰口で下車。折立行きのバスに乗る。最盛期は富山駅から折立行きの季節バスも運行される。人数がそろえば、富山駅からタクシーまたはジャンボタクシーという方法もある。
復路＝室堂ターミナルからは立山黒部アルペンルートで、富山側へはバス、ケーブルで富山地方鉄道立山駅から地鉄富山駅へ。トロリーバス、ロープウェイ、ケーブルカーなどで長野側へ下山することもできる。

■マイカー
有峰林道（有料）は例年6月1日開通。20時～6時までの夜間は通行禁止。目的地により連絡所ゲートを通過できる時間が異なる。夕方以降に林道を利用する場合は確認のこと。折立には大きな駐車場がある。ただし、縦走の場合は、車の回収が面倒になる。

■登山適期
7月～10月中旬。薬師岳の山開きは6月の第3土・日曜。登山はそれ以降になるが、7月初頭はまだ稜線に雪が残る。太郎平小屋は6月1日～10月末に営業するが、ほかの小屋はそれより短い。

■アドバイス
▽1日目を薬師岳山荘までとすれば、2日目は五色ヶ原山荘となり、2泊3日のコースとすることもでき

北薬師岳付近から見る薬師岳と東面の金作谷カール

すると、薬師平への出口を見落として直進してしまうことがある。ていねいに右側の登山道を探そう。

薬師平には大きなケルンがあり、展望がよく、ハクサンイチゲ、アオノツガザクラ、ミヤマキンポウゲ、コイワカガミなど高山植物の宝庫である。

薬師岳山荘の前をすぎ、避難小屋跡を通って**薬師岳**山頂に着く。頂には薬師堂がある。ここまでは家族連れや登山グループも多く、最盛期はにぎやかである。

山頂の展望を楽しんだら、北薬師岳に向かおう。一歩北に向かうと人影がなくなり、静寂の山となる。金作谷《きんさくだに》カールを見下ろしながら岩礫の稜線を進む。雪が消えると、カール底のみごとなS字状堆石堤がよく見える。**北薬師岳**を越えると、気持ちのよい岩尾根である。

間山《まやま》の三角点は、背の低いハイマツの原にある。前方に雄山《おやま》、大《だい》日岳《にちだけ》、弥陀《みだ》ヶ原《はら》が穏やかに広がって見える。まもなくツガ、シラビソに囲まれた**スゴ乗越小屋**に着くが、体力と経験が必要。雲の湧きやすい稜線なので、ゆとりをもちたい。

▽薬師岳の避難小屋跡は、厳冬期に愛知大パーティが誤って東南尾根へ下った分岐点に建てられている。一メートル四方の石壁だけが残って屋根がないので、使える状態ではない。それでも、薬師岳からの下山時に東南尾根へ迷い込まないよう目印の役を果たしている。

▽静寂の山旅の余韻を楽しむには、浄土山北峰から西面を下って直接室堂平へという方法もある。下りはじめは急傾斜だが、ここもまた高山植物の美しい場所である。

▽スゴ乗越小屋へは、太郎平小屋から無線で連絡してもらう。

▽キャンプ指定地は、薬師峠、スゴ乗越、五色ヶ原の3箇所。

■問合せ先

地鉄バステレホンセンター☎076・432・3456、地鉄タクシー☎076・421・4200、立山黒部アルペンルート☎076・432・2819、太郎平小屋・スゴ乗越小屋☎076・482・1418、薬師岳山荘☎090・8263・2523、五色ヶ原山荘☎090・2128・1857

■2万5000分ノ1地形図

有峰湖・薬師岳・立山

く。小屋の前には冷たい水が自由に飲める蛇口がある。

第3日　スゴ乗越から五色ヶ原へ

スゴ乗越小屋からスゴ乗越、スゴの頭を経て越中沢岳へ向かう。**スゴの頭**のあたりは樹林帯、**スゴ乗越**のあたりはハイマツ帯で、いくつかの登り下りがある。越中沢岳の登りは悪く、急傾斜で意外に時間がかかる。天気が悪い時にはつらいところだ。**越中沢岳**の山頂は、広く穏やかである。目の前に五色ヶ原が横たわり、その先に獅子岳、雄山、剱岳《つるぎだけ》、大日岳、弥陀ヶ原が広がる。

高山植物の中を**越中沢乗越**まで下り、ハイマツ帯を登ると**鳶山**である。山頂からは、眼下に残雪と多くの池塘を散りばめた五色ヶ原の全景が一望できる。背後の薬師岳は、どっしりと優美である。

五色ヶ原に下り、**五色ヶ原山荘**に泊まろう。

薬師岳から黒部川越しに後立山連峰を望む

第4日　五色ヶ原から室堂へ

五色ヶ原からは再び登山者が多くなる。**ザラ峠**を越え、ザラザラしたジグザグ道を獅子岳へ向かう。鉄バシゴやロープもあるが、足もとの不安定な登りである。**獅子岳**《ししだけ》山頂からは岩と高山植物の美しい道となる。ハクサンフウロのピンク色が印象的で、今では数少なくなったクロユリを見ることもできる。獅子岳から鬼岳《おにだけ》にかけては、雪渓のトラバースが2箇所ある。

龍王岳の登りは急傾斜だが、ここも高山植物の宝庫で、シナノキンバイやミヤマキンポウゲが斜面を埋め、少し遅れてトリカブトの紫があたりを圧する。龍王岳の東尾根はみごとな岩稜で、岩登りのパーティを見かけることもある。

浄土山《じょうどさん》の山頂は細長く、南峰には富山大学の研究施設、北峰には祠跡がある。

一ノ越《いちのこし》経由で下山することもできるが、せっかくの静寂の山旅、フィナーレは浄土山西面を下って、**室堂ターミナル**に出よう。

CHECK POINT

1

折立の駐車場にはトイレ、水場。登山口には自動販売機もある

2

薬師岳山荘は新しくなって快適だ

3

薬師岳山頂から見た太郎兵衛平

4

北薬師岳と間山の間の岩稜帯。足もと注意

5

五色ヶ原から見た鷲岳。夏はお花畑がとてもきれい

6

鬼岳の東面のトラバースは遅くまで雪が残る。視界不良時は特に注意が必要

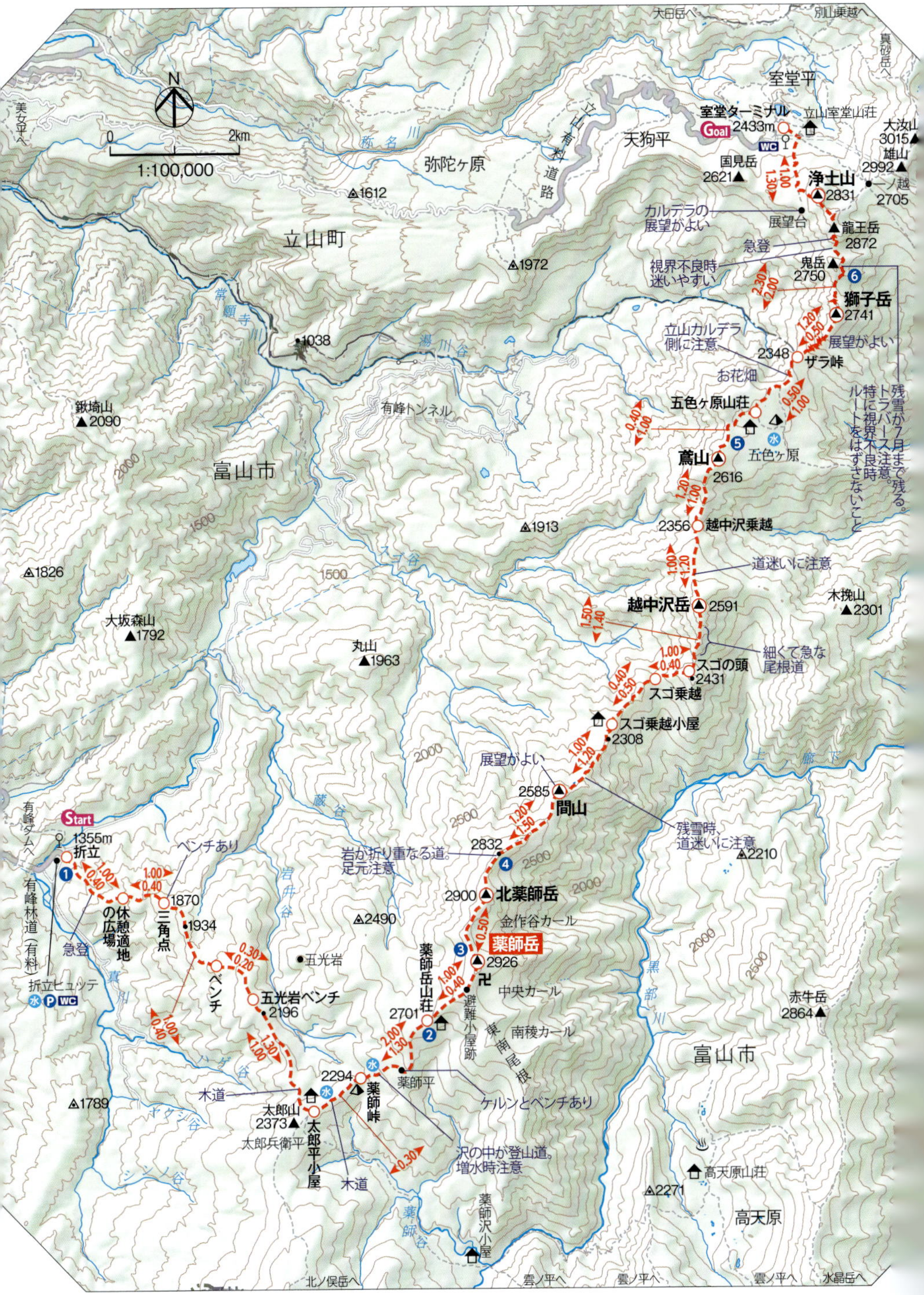

N
0
2km
1:100,000
美女平へ
大日岳へ
別山乗越へ
真砂岳へ
室堂平
室堂ターミナル
Goal
2433m
立山室堂山荘
大汝山
3015
雄山
2992
一ノ越
2705
天狗平
国見岳
2621
浄土山
2831
称名川
弥陀ヶ原
立山有料道路
1612
カルデラの展望がよい
展望台
龍王岳
2872
急登
視界不良時迷いやすい
鬼岳
2750
獅子岳
2741
立山町
1972
常願寺川
1038
湯川谷
立山カルデラ側に注意
2348
ザラ峠
展望がよい
残雪が7月まで残る。トラバース注意。特に視界不良時ルートをはずさないこと
お花畑
五色ヶ原山荘
五色ヶ原
有峰トンネル
鍬崎山
2090
鳶山
2616
富山市
2356
越中沢乗越
1913
道迷いに注意
1826
スゴ谷
越中沢岳
2591
木挽山
2301
大坂森山
1792
丸山
1963
細くて急な尾根道
スゴの頭
2431
スゴ乗越
スゴ乗越小屋
2308
上ノ廊下
展望がよい
2585
間山
残雪時、道迷いに注意
2210
有峰ダムへ
Start
1355m
折立
ベンチあり
岩が折り重なる道。足元注意
2832
蔵谷
北薬師岳
2900
1870
休憩適地の広場
三角点
1934
有峰林道（有料）
急登
岩井谷
2490
金作谷カール
薬師岳
2926
五光岩
ベンチ
五光岩ベンチ
2196
薬師岳山荘
2701
中央カール
避難小屋跡
東南尾根
南稜カール
折立ヒュッテ
黒部川
赤牛岳
2864
富山市
ハゲ谷
2294
薬師平
薬師峠
木道
太郎山
2373
太郎平小屋
太郎兵衛平
ケルンとベンチあり
1789
ヤクシ谷
沢の中が登山道。増水時注意
木道
シンノ谷
薬師谷
薬師沢小屋
高天原山荘
2271
高天原
北ノ俣岳へ
雲ノ平へ
雲ノ平へ
雲ノ平へ
水晶岳へ

雲ノ平から見た鷲羽岳、ワリモ岳、水晶岳、祖父岳

08 雲ノ平

黒部源流の山々をめぐる人気のコース

三泊四日

鷲羽岳・三俣蓮華岳 黒部五郎岳

わしばだけ 2924m
みつまたれんげだけ 2841m
くろべごろうだけ 2840m

第1日 歩行時間＝7時間30分 歩行距離＝11・0km
第2日 歩行時間＝7時間10分 歩行距離＝10・0km
第3日 歩行時間＝9時間 歩行距離＝15・5km
第4日 歩行時間＝3時間20分 歩行距離＝6・5km

技術度
体力度

コース定数＝**100**

標高差＝1569m

累積標高差 ↗3609m ↘3609m

折立《おりたて》から入山し、太郎平小屋《たろうだいら》から雲ノ平～祖父岳《じいだけ》～鷲羽岳《わしばだけ》～三《み》俣蓮華岳《つまたれんげだけ》～黒部五郎岳《くろべごろうだけ》～北ノ俣岳《きたまただけ》～太郎平小屋と黒部源流を一周するこのコースは、とっておきの特選コースである。北アルプスの奥深くを歩くので、長い日数を必要とする。

第1日　折立～太郎平小屋～薬師沢小屋

有峰《ありみね》の**折立**から入山する（太郎平小屋までは、前項の「07薬師岳《やくしだけ》」第1日を参照）。

太郎平小屋から薬師沢方面の道に入ると、チングルマ、タカネウスユキソウ、アオノツガザクラ、ハクサンイチゲなどが咲き競っており、このコースの楽しさを予感させてくれる。

小尾根を下ると、薬師沢の第一

■**鉄道・バス**

往路・復路＝07薬師岳（38ﾍﾟｰｼﾞ）を参照。

■**マイカー**

07薬師岳（38ﾍﾟｰｼﾞ）を参照。

■**登山適期**

山小屋のオープン、高山植物の開花、梅雨明けは、いずれも7月中旬すぎになる。7月上旬までは、稜線にかなりの雪が残る。7月下旬～8月末がおすすめ。静かな山旅を求めるなら、9月もよいだろう。

■**アドバイス**

▽入山の時、太郎平小屋に立ち寄って、薬師沢小屋に泊まることを伝えておこう。無線で連絡してくれるので、準備ができており、安心である。

▽薬師沢には3箇所の徒渉点があって、増水時は危険であったが、現在はりっぱな鉄橋がかかっている。

▽岩苔乗越から黒部源流を下る道もある。祖父岳を巻いて下りてくる道と合流した地点で、三俣山荘へ登る。途中に「ここが黒部源流」の標識がある。悪天時は鷲羽岳稜線は風が強いので、こちらへ回った方が無難。

▽三俣蓮華岳の山腹コースは、北斜面なので雪解けが遅い。8月下旬に一面にチングルマが咲いていたりする。残雪の多い時は避けた方がよい。

▽黒部五郎岳～太郎平小屋は、ペンキ印などはほとんどない。ガス発生時は踏跡を見失わないように。

徒渉点となる。かつては増水時に苦労したところだが、今は橋がかかっている。周囲はちょっとした草原で、花が美しい。第二徒渉点も**第三徒渉点**も頑丈な鉄の橋になった。オオシラビソの林をつないでチシマザサが一面に広がり、その中を木道がまっすぐにのびていて、まるで童話の世界のようだ。

鷲羽岳から見た鷲羽池。奥に槍ヶ岳、穂高岳が見える

　穏やかなカベッケガ原をすぎると、**薬師沢《やくしざわ》小屋**に着く。夕食までの時間、河原に出て黒部源流の水量の多さと清冽さを楽しめるのも薬師沢小屋ならではだ。

第2日　薬師沢小屋～雲ノ平～岩苔乗越～鷲羽岳～三俣山荘

　小屋前の吊橋を渡り、鉄バシゴを下りて少し下流の方へ進むと、雲ノ平登山口の標識がある。鼻の先に木の根がつかえそうな急坂に、苔むした岩と大木が続く。傾斜が緩くなると、オオシラビソの背丈も低くなり、木道になって**雲ノ平**の台地に出る。

　雲ノ平は高山植物の宝庫だが、ことにみごとなのはキバナシャクナゲである。岩と地面に貼りつくように、淡黄色のキバナシャクナゲがびっしり咲いている。雲ノ平の奥に、雪をつけて穏やかにそびえているのが祖父岳である。

　祖父岳へはキャンプ場へ下ってから、まっすぐに登るルートは現在通行止め。

　雲ノ平を見下ろしながら溶岩の間を登ると**祖父岳**山頂に出る。大きなケルンがいくつもあり、360度の展望である。黒部五郎岳、北ノ俣岳、薬師岳、赤牛岳《あかうしだけ》、水晶《すいしょう》岳《だけ》、鷲羽岳と、手にとるように見わたせる。

　祖父岳の下りにも、花がいっぱい咲いている。ハクサンイチゲ、キバナシャクナゲ、アオノツガザクラ、シナノキンバイと枚挙に暇がない。

　岩苔乗越《いわごけのっこし》の少し先にワリモ分岐があるが、左の道は水晶岳へのものなので、直進する。岩屑の道をしばらくたどり、ワリモ岳へ登る。そこから少し下ると鷲羽岳への登りになる。

　鷲羽岳山頂からの眺めはみごとである。足もとに火口湖の鷲羽池が光り、その上には鋸歯状の北鎌《きたかま》尾根と、天を突く槍《やり》ヶ岳《たけ》の穂先が見える。急なザレ道を、ジグザグに下っていき、平坦なハイマツ帯になると**三俣山荘**に着く。

▽マイカーで入山すれば、折立に車があるので下山時に安心である。バスで入った場合は、バスの時刻を太郎平小屋で確認しよう。タクシーをよぶ場合は、太郎平小屋で予約の電話をかける。うっかり下ってしまうと、折立はキャリアによっては携帯電話が通じないし、公衆電話もないので、途方にくれることになる。

▽本コースをテント持参で踏破しようとするなら、薬師峠、雲ノ平、三俣、黒部五郎がテント指定地である。

■問合せ先

富山市大山行政サービスセンター☎076・483・1211、地鉄バステレホンセンター☎076・432・3456、地鉄タクシー☎076・421・4200、太郎平小屋（薬師沢小屋も）☎076・482・1418、三俣山荘☎090・4672・8108、雲ノ平山荘☎070・3937・3980

■2万5000分ノ1地形図

薬師岳・三俣蓮華岳・有峰湖

黒部五郎のカール。遅くまで残雪が残る場所があるのでルートをはずさないように。水場がある

第3日　三俣蓮華岳～黒部五郎岳～北ノ俣岳～太郎平小屋

三俣山荘を出て、すぐにキャンプ場の中を登る。三俣蓮華岳の山腹を巻いていく道もあるが、せっかくの眺望なので、山頂を踏みたいものである。途中で双六《すごろく》小屋への道を分けるが、そのまま直登すると、じきに**三俣蓮華岳**山頂に立つ。三俣蓮華岳は長野、岐阜、富山3県の境界をなす地点で、心が躍るような眺めである。

三俣蓮華岳からは、ハイマツ帯を緩く下っていく。ダケカンバの林をすぎると、草原に建つ**黒部五郎小舎**である。この先、道は県境稜線を行くものと、カール内を横断するものとがあるが、カール内を歩こう。小舎からしばらくは樹林帯だが、やがて草原に大きな岩が点在する美しい場所になる。ここが黒部五郎のカールで、雪の解けたそばから高山植物が競うように咲き、澄んだ水が流れている。見上げると、黒部五郎岳東面の岩壁が稜線のスカイライン直下に広がっている。

草原の終点からジグザグにガレ場を折り返して登ると、東側にのびる尾根の一角に出る。ここは左に曲がる。しばらく歩くと**分岐点**標識があり、ここに荷物を置いて山頂まで往復しよう。わずかの距離で**黒部五郎岳**山頂に立つ。

分岐点に戻り、**中俣《なかまた》乗越**に下れば、池塘のある美しい草原が広がる。穏やかな稜線を、雲ノ平を横に見ながら**赤木岳《あかぎだけ》**、**北ノ俣岳**（上ノ岳）とたどる。太郎山《たろうやま》をすぎれば、**太郎平小屋**はすぐである。

第4日　太郎平小屋～折立

太郎平小屋から緩やかに下って、出発地点の**折立**に戻る。

CHECK POINT

1

薬師沢にかかる第一徒渉点を渡って下っていく

2

雲ノ平への登りは樹林の中の急登を登る。濡れていると足もとは非常にすべりやすい。

3

雲ノ平に建つ雲ノ平山荘

4

三俣山荘と鷲羽岳。キャンプ場と水場がある

5

黒部五郎小舎。キャンプ場、広くて穏やかな場所

6

北ノ俣岳周辺のお花畑から薬師岳を望む

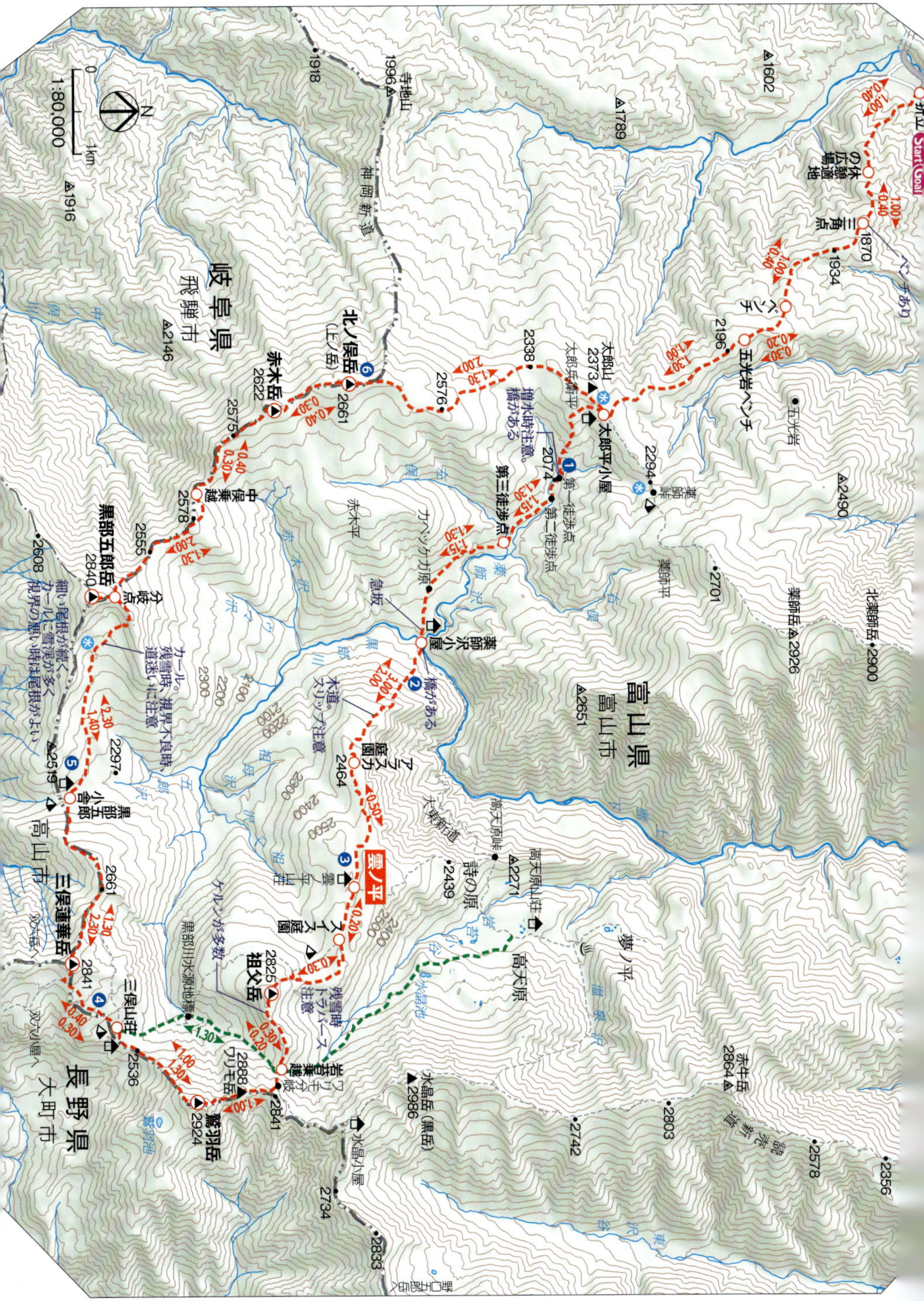

Start Goal
折立
1:80,000
0
1km
N
岐阜県
飛騨市
富山県
富山市
長野県
大町市
高山市
三角点
1870
1934
ベンチあり
ベンチ
休憩適地の広場
五光岩ベンチ
2196
太郎山
2373
太郎兵衛平
太郎平小屋
2338
2576
北ノ俣岳
(上ノ岳)
2661
赤木岳
2622
2575
中俣乗越
2578
2555
黒部五郎岳
2840
分岐点
第一徒渉点
第二徒渉点
第三徒渉点
増水時注意。橋がある
2074
薬師沢小屋
急坂
カベッケガ原
橋がある
木道、スリップ注意
アラスカ庭園
2464
大東新道
雲ノ平
雲ノ平山荘
スイス庭園
祖父岳
2825
残雪時トラバース注意
岩苔乗越
ワリモ分岐
ワリモ岳
2888
鷲羽岳
2924
2841
三俣山荘
三俣蓮華岳
2841
2661
黒部五郎小舎
2519
2297
カールは残雪時、視界不良時、道迷いに注意
細い尾根が続く。カール内に雪渓が多く、視界の悪い時は尾根がよい
ケルンが多数
黒部川水源地標
水晶岳(黒岳)
2986
水晶小屋
高天原
高天原山荘
夢ノ平
温泉沢
2271
詩の原
2439
高天原峠
薬師岳
2926
北薬師岳
2900
薬師平
2701
2490
薬師峠
2294
五光岩
2651
赤牛岳
2864
読売新道
2803
2742
2578
2356
2734
2833
野口五郎岳へ
双六小屋へ
双六岳へ
寺地山
1996
1918
神岡新道
2146
1916
1789
1602
2608
2300
2200
赤木平
赤木沢
2536
鷲羽池

09

黒部奥山に残る、希有な自然の山域に遊ぶ

高天原・赤牛岳

三泊四日

読売新道

たかまがはら　2161m
あかうしだけ　2864m
よみうりしんどう

第1日　歩行時間＝7時間30分　歩行距離＝11.0km
第2日　歩行時間＝5時間20分　歩行距離＝6.0km
第3日　歩行時間＝10時間30分　歩行距離＝12.5km
第4日　歩行時間＝6時間10分　歩行距離＝14.5km

技術度 ★★★
体力度 ★★★★★

コース定数＝**107**

標高差＝1509m

累積標高差　↗3874m　↘3786m

雲ノ平から見た赤牛岳の長大な稜線

赤牛岳は、黒部《くろべ》の奥深くにあり、その存在は山好きの人にもあまり知られていない。奥黒部の山々を北アルプスのど真ん中というなら、その奥黒部のへその部分が赤牛岳である。赤牛岳の山頂に立てば、その思いが深くなる。ただ、あまりに長いコースなので、入る人は少ない。一日中歩いても、ほとんど人に会わない。いいかえれば、誰の助けも得られず、自分自身で判断し、行動しなければならない山域である。

高天原温泉露天風呂。ルート上では唯一の温泉入浴施設

第1日　折立～太郎平小屋～薬師沢小屋

この間は前項の08雲《くも》ノ平《だいら》第1日を参照のこと。

第2日　薬師沢小屋～高天原

薬師沢《やくしざわ》小屋前の吊橋を渡り、黒部川本流に沿って右岸を下る。川原に出たり、流れを巻いたりするので、ペンキ印をしっかりとたどろう。増水時は通行困難だ。本流の広い川原を下り、上ノ廊下《かみろうか》がはじまる手前、つまりゴルジュがはじまる前で、B沢に入る。B沢入口には岩に大きくペンキで印がついている。

しばらくB沢を登って左へ横切る道へ入る。C沢、D沢、E沢と3本の沢を横断しながら、しだいに高度を上げると、直登がしばらく続いて**高天原峠《たかまがはら》**に着く。右の稜線へ行く道は詩《うた》の原《はら》を通って雲ノ

■**鉄道・バス**
往路＝富山地方鉄道を有峰口で下車。折立行きのバスに乗る。最盛期は富山駅から折立行きの季節バスも運行される。
復路＝黒部ダムから立山・黒部アルペンルートで富山側、長野側へ。

■**マイカー**
縦走コースなので、マイカーの利用は実際的ではない。

■**登山適期**
7月中旬～9月下旬がよい。

■**アドバイス**
▽温泉沢にはコース標識はない。人に会うことなども考えられない。それだけに、自分の能力が試される。
▽読売新道は、赤牛岳山頂から奥黒部ヒュッテまで標識がある。頂上を8／8とする分割標識で行程の目安になる。ただし、等分されているわけではなく、1／8から小屋までが割合に長い。なお、3／8の少し下に岩屋がある。長いコースなので、その存在を頭に入れておけば、万一の事態には大きな支えになる。
▽健脚なら折立を早朝に出発すれば、第1日に高天原山荘までの入山も不可能ではない。有峰林道のゲートは朝6時まで開かないので、その場合は、折立でテント泊することになる。
▽第2日は、雲ノ平経由で水晶小屋泊にするプランも考えられる。

静かにたたずむ竜晶池。背後に薬師岳の大きな山容が連なる

平へのものであり、高天原へは岩《いわ》苔《こけ》小《こ》谷《だに》へ向かって下る。

岩苔小谷の橋を渡ってオオシラビソの林を行くと、水晶《すいしょう》池からの道に出合う。しばらくしてパッと目の前が開け、明るい草原になると**高天原**である。湿性植物の原の縁を行くと、赤い屋根の高天原山荘に着く。

薬師沢小屋を出発してからここまでは半日行程なので、露天風呂に入ってのんびりすごす時間がとれる。露天風呂は温泉沢まで下るので、行きに10分、帰りに15分を要するが、これぞまさに秘湯で、混浴の露天風呂のほか、男性専用、女性専用の浴槽もある。チシマザサの斜面を背に温泉沢を前に眺め、乳白色の湯に浸れば実にぜいたくな気分になれる。

露天風呂の先に夢《ゆめ》ノ平《たいら》がある。大小さまざまな池があり、いちばん大きいのが竜晶《りゅうしょう》池で、池に映る薬師岳《やくしだけ》が美しい。

第3日　高天原から読売新道を経て奥黒部ヒュッテへ

温泉《おんせん》沢の川原を登っていくと、扇の要のように谷は左右に大きく分かれる。右の沢を進むと、やがて正面に滝が現れる。滝の手前から左側の尾根に踏跡がある。しばらくはシラビソの林だが、じきに崩れやすいガレ場となって、主稜線までジグザグの道が続く。

温泉沢《おんせんざわ》ノ頭《あたま》に出ると、南側に水《すい》晶岳《しょうだけ》があり、ここから北へ緩い登り下りを繰り返しながら、岩屑の多い尾根を赤牛岳へたどる。

赤牛岳山頂は、実にすばらしい景勝地である。薬師岳の4つのカールが正面に見え、足もとには黒部湖の青い湖面が望まれる。北方に白馬岳《しろうまだけ》から連なる後立山《うしろたてやま》の山々、近くに針《はり》ノ木《き》岳《だけ》から野口《のぐち》五郎《ごろう》岳《だけ》に連なる山並み、はるか南方には槍《やり》ヶ岳《たけ》から穂高岳《ほたかだけ》と、贅をつくした眺めである。

赤牛岳の山頂で尾根は2方向に分かれる。山頂から直角に、右に曲がっている尾根が読売《よみうり》新道といわれるコースで、かつて読売新聞社が北陸支社を開設した記念に伐開されたことからこの名がつけられた道だ。

山頂からの下りは、標識を確かめ、まず東側へ回りこむ。西側の広い支稜にだまされないように注意しよう。東沢《ひがしさわ》谷側が崩壊地になっており、その上端をたどる。しばらくは急なガレ場だが、じきに緩やかになり、岩が気もちよく続く稜線となる。前方に黒部湖の水面を眺めながら、岩と高山植物の稜線を下るのは、ここでしか味わえない最高の幸せである。

読売新道は8つに分けて標識が設置されている。中間地点は**8分の4**となっており、このあたりから浅い樹林帯になる。コバイケイ

▽赤牛岳のみを目指す場合、黒部湖から奥黒部ヒュッテ泊、2日目赤牛岳往復、3日目黒部湖へ下山ということもできる。

▽黒部湖の湖岸道は、沢の横断が何箇所もあるので、雨による増水時は危険なコースになる。崩壊部分を高巻きする登り下りも多くあり、たかが水平道と甘く見てはならない。

▽平ノ渡しは1日4便なので、奥黒部ヒュッテで時刻を確認しておくこと。

▽薬師沢小屋、高天原山荘とも予約、問合わせは太郎平小屋へ。奥黒部ヒュッテの予約、問合せ、読売新道の状況などは立山室堂山荘へ。

■問合せ先

富山市大山行政サービスセンター☎076・483・1211、地鉄バステレホンセンター☎076・432・3456、立山黒部アルペンルート☎076・432・2819、薬師沢小屋・高天原山荘（太郎平小屋）☎076・482・1418、奥黒部ヒュッテ（立山室堂山荘）☎076・463・1228

■2万5000分の1地形図

薬師岳・黒部湖・烏帽子岳

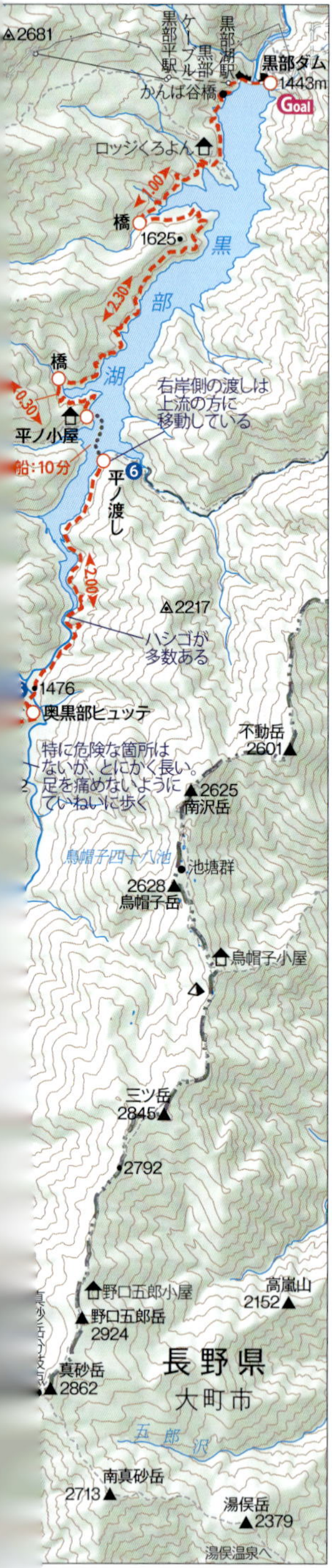

ソウの草原にナナカマド、ハッコウダゴヨウ、オオシラビソと現れ、下るにしたがい、周囲の樹木は太く高くなる。

樹林帯の道は急傾斜で、雨のあとは、ひどくぬかるむ。そんな時は、木の根につかまって慎重に下ろう。8分の2で側壁の滝の音が聞こえてくる。傾斜が増し、岩とロープ、ハシゴと鎖が続く。8分の1からが長い。東沢谷の水音が大きく聞こえてきて、ゴルジュがすぐ下に見えてきたら、まもなく**奥黒部ヒュッテ**に着く。

第4日　奥黒部ヒュッテ～平ノ渡し～黒部ダム

まず、東沢谷の丸木橋を渡る。東沢谷は水量が多いので、この橋がなかったら渡れない。しばらくは砂地の川原を行く。ダム湖の末端が近くなると、支沢や崩壊地を高巻して、何回も登ったり下ったりするが、木道や桟道はよく整備されているので不安はない。

平ノ渡しでは、渡し舟で左岸に渡る。対岸の**平ノ小屋**をスタートして、黒部ダムへ向かう道もまた登ったり下ったり谷へ深く入りこんだりと、長い道のりである。

CHECK POINT

1 薬師沢の吊橋を渡る

2 大東新道B沢の入口。ここから高天原峠を目指して樹林帯の道を登っていく

3 高天原山荘はランプの宿。高天原の別天地に建つ

4 赤牛岳山頂。黒部川をはさんで、対岸の薬師岳が大きく見える

5 森の中にたたずむ奥黒部ヒュッテ。翌朝は黒部ダムを目指す

6 黒部ダムを平ノ渡しで渡る。運行時間については山小屋で確認したい

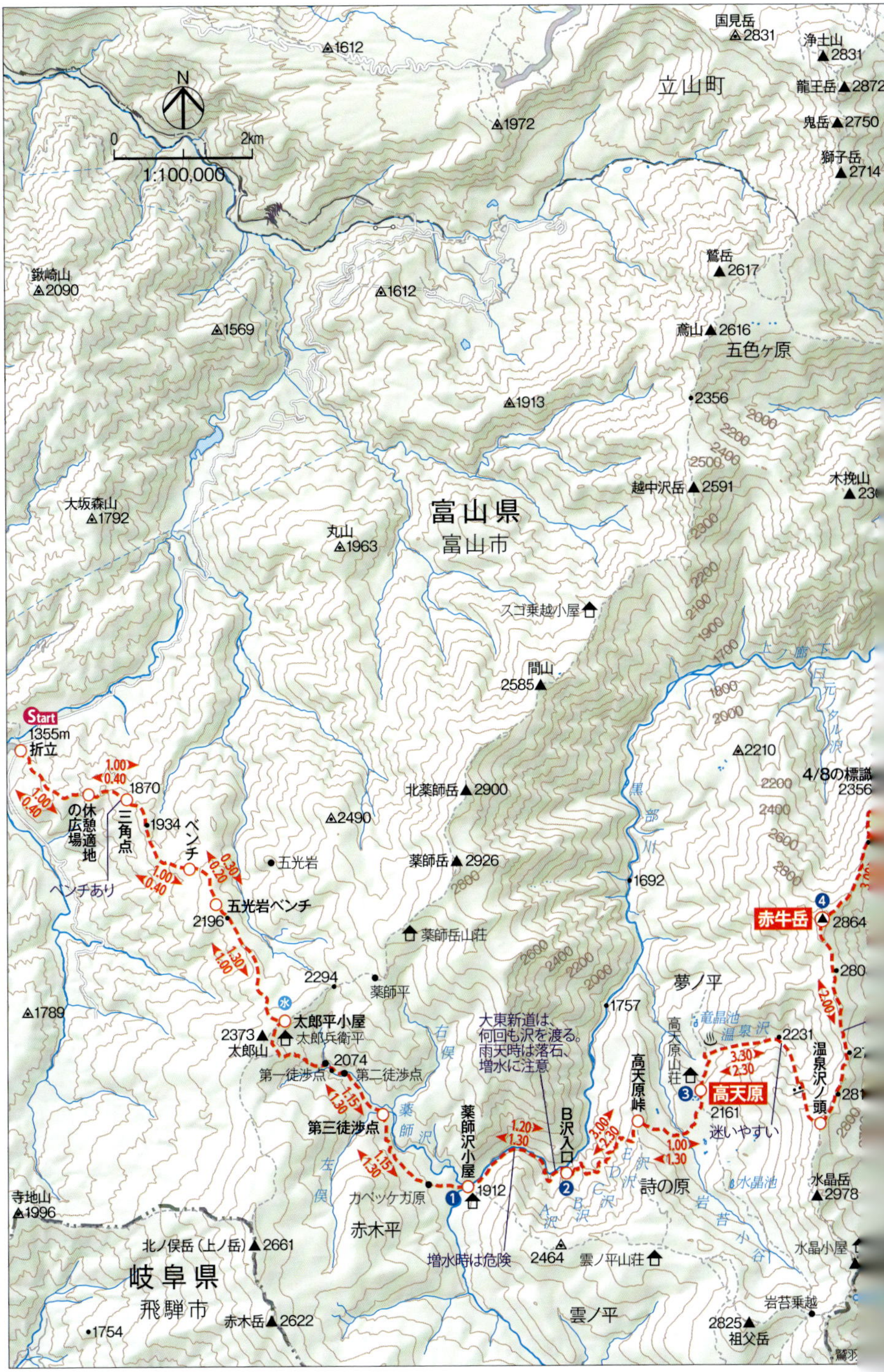
1:100,000
0
2km
N
立山町
国見岳 2831
浄土山 2831
龍王岳 2872
鬼岳 2750
獅子岳 2714
鷲岳 2617
鳶山 2616
五色ヶ原
越中沢岳 2591
木挽山
鍬崎山 2090
1612
1972
1569
1913
2356
大坂森山 1792
富山県
富山市
丸山 1963
スゴ乗越小屋
間山 2585
Start
1355m
折立
1870
休憩適地の広場
三角点
1934
ベンチ
ベンチあり
五光岩
五光岩ベンチ
2196
2490
北薬師岳 2900
薬師岳 2926
薬師岳山荘
2294
薬師平
太郎平小屋
太郎兵衛平
2373
太郎山
2074
第一徒渉点
第二徒渉点
第三徒渉点
薬師沢小屋
1912
カベッケガ原
赤木平
大東新道は、何回も沢を渡る。雨天時は落石、増水に注意
増水時は危険
B沢入口
高天原峠
1757
1692
2210
4/8の標識
2356
赤牛岳
2864
夢ノ平
高天原山荘
高天原
2161
迷いやすい
温泉沢ノ頭
2231
竜晶池
温泉沢
水晶池
詩の原
水晶岳 2978
水晶小屋
2464
雲ノ平山荘
雲ノ平
岩苔乗越
2825
祖父岳
黒部川
岩苔小谷
1789
寺地山 1996
北ノ俣岳（上ノ岳）2661
岐阜県
飛騨市
赤木岳 2622
1754

10

秘境高天原から野口五郎岳を経て県境稜線を大縦走し、黒部ダムへ

水晶岳（黒岳）・野口五郎岳・烏帽子岳

すいしょうだけ（くろだけ）　2986m　のぐちごろうだけ　2925m　えぼしだけ　2628m

四泊五日

第1日	歩行時間＝7時間30分	歩行距離＝11.0km
第2日	歩行時間＝5時間20分	歩行距離＝6.0km
第3日	歩行時間＝8時間20分	歩行距離＝12.0km
第4日	歩行時間＝9時間10分	歩行距離＝15.0km
第5日	歩行時間＝9時間30分	歩行距離＝17.0km

技術度
体力度

コース定数＝**135**

標高差＝1631m

累積標高差　↗4216m　↘4128m

↑雲ノ平から見た水晶岳

←岩苔小谷から岩苔乗越に向かう

秘境・高天原《たかまがはら》から、花の美しい岩苔小谷《いわこけこだに》を登って、富山市の最高地点であり「日本百名山」として人気の水晶岳に登る。続いて裏銀《うらぎん》座《ざ》コースといわれる野口五郎岳、烏帽子岳の稜線を歩く。烏帽子岳から北は難路となり、これまで危険なコースであったが、船窪《ふなくぼ》小屋を支援するグループによって保守が行なわれ、極端に悪いところはなくなった。南岳《みなみだけ》、不動岳《ふどうだけ》、船窪小屋とたどり、近年復活した針《はり》ノ木《き》古道から黒部ダムにいたる大縦走である。分県登山ガイドの中で、これがいちばん長いものだろう。充分な体力を必要とする。

第1日　折立～太郎小屋～薬師沢小屋

■**鉄道・バス**
往路＝富山駅から折立まで最盛期のみ季節バスが運行される。人数がそろえば富山駅前から折立までタクシー利用が便利。
復路＝黒部ダムから立山・黒部アルペンルートで富山側、長野側へ。

■**マイカー**
縦走コースなので、マイカーの利用は実際的ではない。

■**登山適期**
7月中旬～9月中旬。3000㍍に近い稜線なので、夏の最盛期に限られる。

■**アドバイス**
▽烏帽子岳以北ではあまり登山者に会わない。万一に備え、ツェルトは持参したい。
▽針ノ木谷の徒渉地点はペンキやテープで目印がある。ただし大雨の時は通過困難。
▽平ノ渡し船は無料、定時運行。問合せは平ノ小屋へ。

■**問合せ先**
富山地鉄バステレホンセンター☎076・432・3456、富山地鉄タクシー☎076・421・4200、太郎平小屋・薬師沢小屋・高天原山荘☎076・482・1418、野口五郎小屋☎090・3149・1197、船窪小屋☎080・7893・7518、平ノ小屋☎090・2039・8051

第2日　薬師沢小屋～高天原山荘

ここまでは09高天原の項を参照。

第3日　高天原山荘～水晶岳～野口五郎岳～野口五郎小屋

高天原山荘から岩苔小谷の道を進む。湿原が終わるとダケカンバやオオシラビソの林を行く。1時間ほどで左側に**水晶池《すいしょういけ》への分岐**がある。池への往復は15分ほどなので、できれば神秘的な水晶池を眺めていこう。

野口五郎岳から見た野口五郎小屋

岩苔小谷の道は、2500㍍を超えると森林帯を脱しお花畑となる。クルマユリ、トリカブト、ハクサンフウロがよく目立つ。**岩苔《いわごけ》乗越《のっこし》**から黒岳ともいわれる水晶岳を往復する。ゴツゴツして黒っぽいが、岩の間にかわいい花が咲き、時には水晶のかけらがキラッと光る。**水晶岳**山頂に達したら水晶小屋へ戻る。

水晶小屋からの下りは急で両側とも崩壊しているザレ尾根なので足もとに注意しよう。東沢《ひがしさわ》乗越に着くと穏やかな源頭草原が広がっている。真砂岳《まさごだけ》分岐からは白っぽいザレ斜面を水平に巻くようにして進む。**野口五郎岳**山頂は三角点と山頂標柱、ケルンだけのザラザラの平である。**野口五郎小屋**が二重山稜の窪地にある。

第4日　野口五郎小屋～烏帽子岳～不動岳～船窪小屋

岩とハイマツと高山植物の気持ちのよい稜線を、左手に赤牛岳《あかうしだけ》とカールの並ぶ薬師岳《やくしだけ》や東《ひがし》沢《さわ》谷を見ながら歩き続けると**三《み》ツ岳《だけ》**に着く。登山路は三角点のある山頂を通らず水平に巻いていく。まもなく、稜線の富山県側の林の中に**烏帽子小屋**がある。

ハイマツの尾根を北に向かって進む。稜線の道は明るくさわやか。**山頂分岐**の標識がある。余裕があれば**烏帽子岳**を往復しよう。**分岐**から先は、草原に池が点在する烏《え》帽《ぼ》子《し》四十八《しじゅうはち》池となる。

砂礫の中にコマクサが咲く道を進むと**南沢岳**の山頂に立つ。黒部湖と高瀬《たかせ》湖の両方を見ることができる。その先、いよいよ足もとから崩れる崩壊地となるので、慎重に進もう。

不動岳山頂では立山《たてやま》、針《はり》ノ木《き》岳《だけ》ともに近くに見える。不動沢をへだてて船窪小屋も小さく見える。この先、稜線の右側が不動沢の崩壊壁で、切れ落ちたところが何箇所も続き、緊張を緩められないところである。

樹林に囲まれた2459㍍のピークに着く。以前はここを船窪岳の頂上としていたが、今は船窪乗越に近いところが船窪岳とされている。花崗岩の風化した砂利が足もとから流れるように崩れる道だが、ハシゴや丸太が設置され少しは安定した道になった。**船窪乗越**からキャンプ場をすぎ、ランプの小屋として知られる**船窪小屋**に着く。

第5日　船窪小屋～船窪乗越～針ノ木谷～平ノ渡し～黒部ダム

前日の道を**船窪乗越**まで戻り、右側に分岐する水平の道を進んで尾根に出て、**船窪谷出合**まで下る。途中左側の樹林帯に3㍍を超えるシャクナゲが何本もある。針ノ木谷は、針ノ木古道の復活によってやぶが伐開されて整備されたが、何度かの徒渉がある。

黒部湖を**平《たいら》ノ渡《わた》し**の船で対岸に移る。湖岸の水平道を**黒部《くろべ》ダム**まで歩き、長大な縦走を完了する。

■2万5000分の1地形図
有峰湖・薬師岳・三俣蓮華岳・烏帽子岳・黒部湖

烏帽子岳。とても特徴的な山容をしている

CHECK POINT

水晶池と水晶岳。登山道から少し入るが、静かなたたずまいを見ていきたい

岩苔乗越の分岐の標識。交差点になっているのでまちがわないようにする

烏帽子小屋。コースが長いので水などはここで補給しないと、あとは手に入らない

不動岳山頂付近。立山や針ノ木岳を見ることができる

2299メートル付近は激しく崩壊している。ワイヤーやロープがかけられているので慎重に行動する

船窪小屋。北アルプスでも最奥の山小屋のひとつとして人気

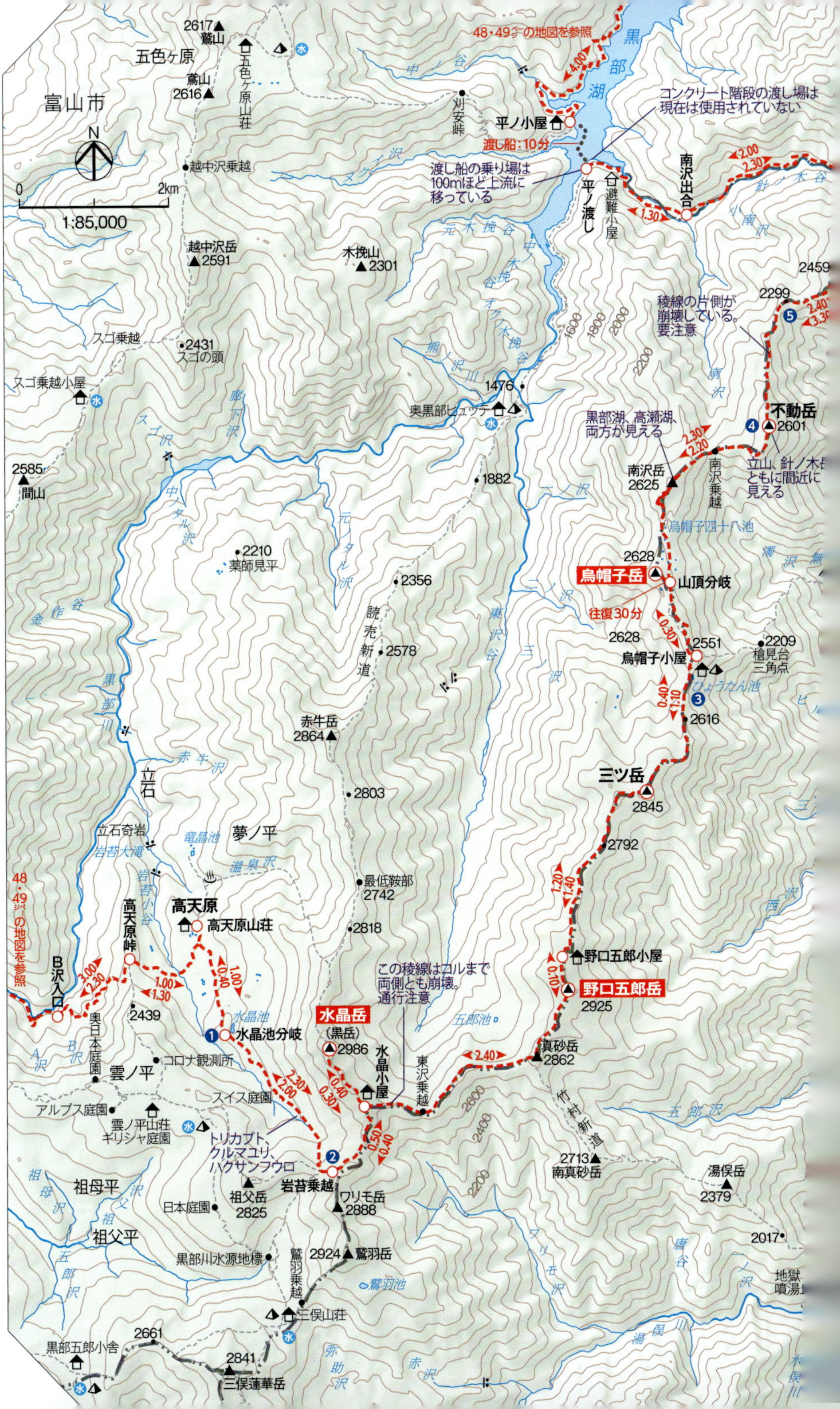

48・49ﾍﾟの地図を参照
黒部湖
コンクリート階段の渡し場は現在は使用されていない
平ノ小屋
渡し船：10分
渡し船の乗り場は100mほど上流に移っている
平ノ渡し
避難小屋
南沢出合
富山市
N
0
2km
1:85,000
2617 鷲山
五色ヶ原
五色ヶ原山荘
鳶山 2616
刈安峠
越中沢乗越
越中沢岳 2591
木挽山 2301
スゴ乗越
2431 スゴの頭
スゴ乗越小屋
1476
奥黒部ヒュッテ
2585 間山
2459
2299
稜線の片側が崩壊している。要注意
不動岳 2601
黒部湖、高瀬湖、両方が見える
南沢岳 2625
南沢乗越
立山、針ノ木岳ともに間近に見える
烏帽子四十八池
1882
2210 薬師見平
2356
読売新道
2578
2628
烏帽子岳
山頂分岐
往復30分
2628
2551
2209 槍見台 三角点
烏帽子小屋
ひょうたん池
2616
赤牛岳 2864
三ツ岳 2845
2803
2792
立石
立石奇岩
岩苔大滝
竜晶池
夢ノ平
温泉沢
最低鞍部 2742
2818
高天原
高天原山荘
高天原峠
48・49ﾍﾟの地図を参照
B沢入口
野口五郎小屋
野口五郎岳 2925
この稜線はコルまで両側とも崩壊。通行注意
水晶岳 (黒岳) 2986
水晶小屋
東沢乗越
五郎池
真砂岳 2862
2439
水晶池
水晶池分岐
奥日本庭園
雲ノ平
コロナ観測所
スイス庭園
アルプス庭園
雲ノ平山荘
ギリシャ庭園
竹村新道
トリカブト、クルマユリ、ハクサンフウロ
岩苔乗越
2713 南真砂岳
湯俣岳 2379
祖母平
祖父岳 2825
ワリモ岳 2888
日本庭園
祖父平
2924 鷲羽岳
黒部川水源地標
鷲羽池
鷲羽乗越
2017
地獄噴湯
三俣山荘
黒部五郎小舎
2661
2841
三俣蓮華岳
湯俣川

11

人に会うことはほとんどない、静かな山域

餓鬼山・唐松岳

がきやま 2128m
からまつだけ 2696m

二泊三日

第1日 歩行時間＝40分 歩行距離＝3・0km
第2日 歩行時間＝12時間35分 歩行距離＝13・0km
第3日 歩行時間＝9時間10分 歩行距離＝13・0km

技術度 ▲▲▲
体力度 ♥♥♥♥

コース定数	=**79**
標高差	=2094m
累積標高差	↗2866m ↘2866m

←唐松岳山頂とキャンプ場。左が祖母谷からの登山道

←唐松岳山頂から剱岳を望む

このコースは標高差が大きく体力的に充分に自信のある人でないとすすめられない。

第1日 黒部《くろべ》峡谷《きょうこく》鉄道のトロッコ電車に乗って、終点の**欅平駅《けやきだいら》**で下車。徒歩で**祖母谷《ばばだに》温泉**に向かう。大露天風呂でゆったりとすごし、翌日の長い登りに備えよう。

第2日 早朝に出発する。前日に渡った橋を戻り、祖父谷《じじ》に沿って林道を100メートルほど進んだところに「登山道入口」の標識がある。登山道は山腹につけられ、ところどころにロープが張られている。やがて谷を離れ、南越《なんごし》への登りになる。北斜面のために陽が当たらず涼しいが、

■**鉄道・バス**
往路・復路＝黒部宇奈月温泉駅から富山地方鉄道で宇奈月へ。黒部峡谷鉄道で欅平へ。
■**マイカー**
北陸自動車道黒部ICから宇奈月へ。駐車場は有料。
■**登山適期**
7月中旬〜9月がよい。7月中は上部で急斜面の雪渓を横断することになるので、雪上技術のしっかりした経験が必要である。8月中旬以降はその心配はない。
■**アドバイス**
▽このコースは、寝袋と食料を持参し、1日目を餓鬼山避難小屋泊とすれば、余裕のある山行になる。なお、この小屋には水がないので、持参すること。
▽上部で横断する沢は急傾斜で、雪渓がある時はアイゼンが必要。雪渓の状況は祖母谷温泉または唐松岳頂上山荘に問合せのこと。
▽下山には五竜岳への縦走コースや白馬岳への縦走コースもある。また、白馬岳から不帰岳避難小屋を経て祖母谷温泉に下るという歩き方もできる（⑫白馬岳の項参照12）。
■**問合せ先**
黒部市役所☎0765・54・2111、黒部峡谷鉄道☎0765・62・1011、八方尾根ゴンドラリフト☎0261・72・3280、アルピ

少々湿っぽい。巨大なサワグルミが生えており、鉱山道の名残りである石畳が今もしっかりとしている。南越下のブナ林に水が湧き出ている。

南越峠をすぎると、いつのまにか餓鬼谷側の斜面に入り、ブナ林を緩やかに登る。オオシラビソの尾根を越えると、登山道の右下に**餓鬼《がき》ノ田圃《たんぼ》**とよばれる湿原が広がる。中央にはロボット雨量計が設置されている。餓鬼ノ田圃をすぎて、溝状のところを登る。登りきるとわかれ道となり、左手の稜線を進む。オオシラビソとネズコの巨木が茂る深い森の中を行く。

前方が明るくなると、クリーム色の波鋼板で造られた**餓鬼山避難小屋**に着く。うっそうとした樹林を歩いてきて、ホッとするような明るい台地である。小屋の裏に出ると、毛勝《けかつ》三山から剱岳《つるぎだけ》、立山《たてやま》がよく見える。

餓鬼山への登りは、アカマツ、シラビソ、コメツガなどが印象的な細い尾根道である。**餓鬼山**山頂

コ交通白馬営業所☎0261・72・3155、祖母谷温泉☎0765・62・1038、唐松岳頂上山荘☎090・5204・7876

■2万5000分ノ1地形図
欅平・白馬町

唐松岳山頂からの展望。五竜岳方面

CHECK POINT

祖母谷と祖父谷にかかる橋を渡って祖母谷温泉へ。1日目はここに宿をとることにしよう

源泉かけ流し、秘湯祖母谷温泉。翌日の長い山行に備えてゆっくり休むようにしよう

南越峠をすぎて1時間半ほどで餓鬼ノ田圃。中央に見えるのは雨量計。広くてゆっくり休むことができる

餓鬼山山頂。登山道から少し入ったところにある

大黒鉱山跡。鉱毒の影響でいまだに植物は生えていない

7月いっぱいは上部の雪渓が残ることが多い。雪渓の整備状況は山小屋に確認したい

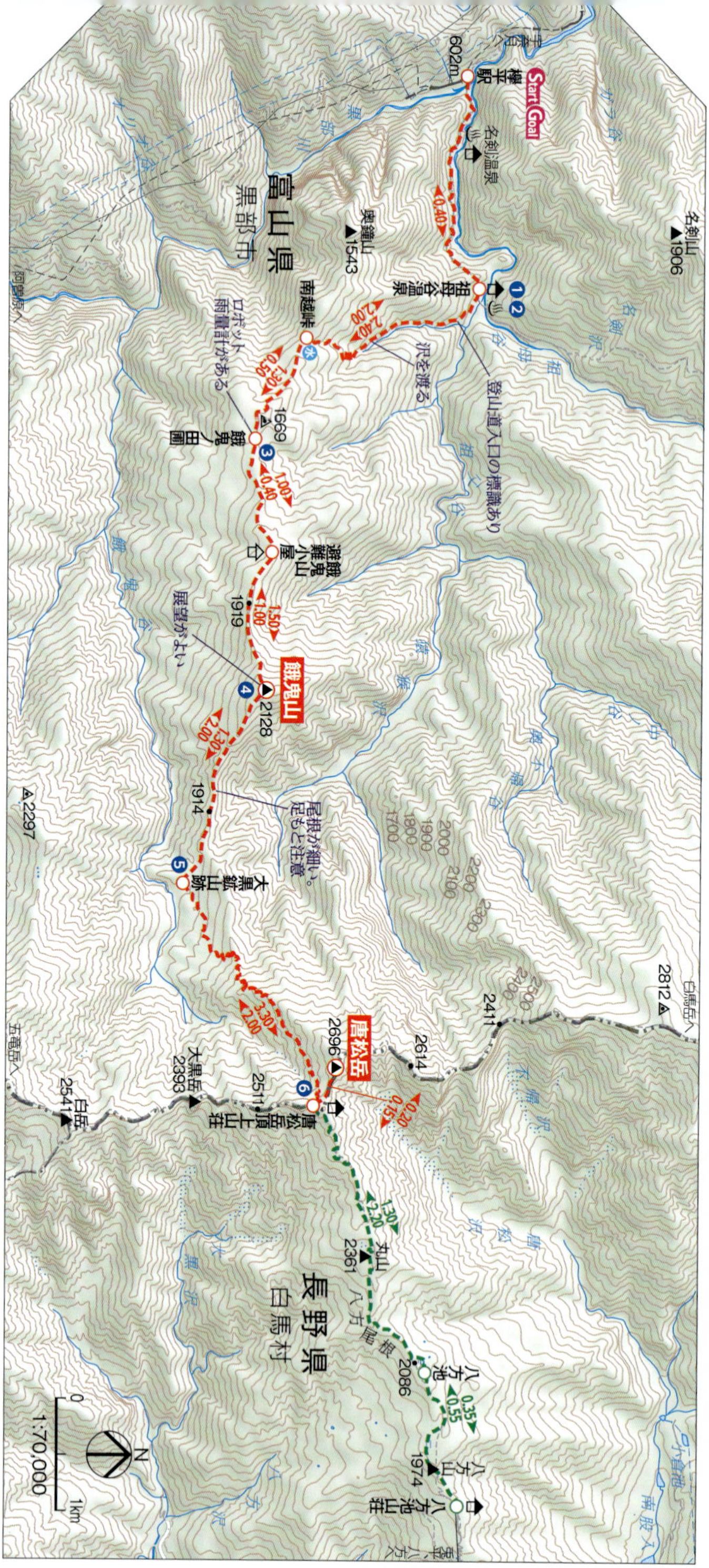

は登山道から20メートルほど左に入った地点にあり、天狗《てんぐ》ノ頭《あたま》から五竜岳《ごりゅうだけ》への山並みがよく見わたせる。

シャクナゲもある感じのよいやせ尾根を下り、標高1914メートル地点からササやぶの斜面を右下に下ると、**大黒《だいこく》鉱山跡**に出る。谷の中を登り、小尾根を右に回りこむと、お花畑が広がる。そこは岩と高山植物の世界で、コバイケイソウ、ニッコウキスゲ、チングルマ、イワカガミ、そして遅くなるとシモツケソウなどが咲く。

山腹を横断するように進み、3箇所沢を横切る。7月中は急な雪渓が残っているので、アイゼンやピッケルが必要だ。最後の沢は山荘の水場となっており、まもなく**唐松岳頂上山荘**に着く。**唐松岳**へは、砂礫の道をたどればすぐだ。

第3日　唐松頂上山荘からの下山は、八方尾根を下ることの方が多いだろうが、富山県側にこだわって、往路を引き返すことにしよう。

12

つらい登りに耐えたあとに、天空のお花畑をめぐる

清水岳・白馬岳・雪倉岳

しょうずだけ 2603m
しろうまだけ 2932m
ゆきくらだけ 2610m

三泊四日

第1日	歩行時間＝40分	歩行距離＝3.0km
第2日	歩行時間＝9時間30分	歩行距離＝14.5km
第3日	歩行時間＝7時間5分	歩行距離＝11.5km
第4日	歩行時間＝6時間10分	歩行距離＝9.3km

技術度
体力度

コース定数＝91

標高差＝2330m

累積標高差 ↗3758m ↘3758m

祖母谷《ばばだに》温泉から白馬岳へのコースは知る人ぞ知る花の山である。

←雪倉岳から見た白馬岳方面

←白馬岳山頂と白馬山荘

雪解けとともに清水岳は天空の花園となる。さらに白馬岳のお花畑、雪倉岳のお花畑と花の稜線を歩く。ただし、祖母谷温泉から白馬岳への登りは標高差2100メートル、いくつもの起伏があるので、累積標高差はもっと大きい。脚力に自信のある人のみに許されるコースといえる。つらい登りに耐えてこその天空の花園なのだ。

登りは宇奈月《うなづき》温泉のある宇奈月から黒部《くろべ》峡谷《きょうこく》鉄道のトロッコ電車で入山。祖母谷温泉から清水岳を経て長野県との県境稜線にある白馬岳に登る。さらに三国境《さんごくさかい》を経て新潟県との県境稜線にある雪倉岳に登る。最終日は朝日小屋からイブリ山を経て北又《きたまた》小屋に下る。欅平《けやきだいら》と白馬岳山頂付近はにぎやかだが、コースの大部分は静寂の山歩きである。

第1日　欅平～祖母谷温泉

トロッコ電車で知られる黒部峡谷鉄道の終点、**欅平**駅で下車。観光客でにぎわう奥鐘《おくかね》橋、人喰岩《ひとくいいわ》などを通り抜けて、**祖母谷温泉**に行く。天然温泉で翌日からの英気を養おう。

第2日　祖母谷温泉～清水岳～白馬岳～白馬山荘

祖母谷温泉から車道を10分ほど行くと名剣《めいけん》沢に出合う。「白馬岳登山口」の標識がある。荒れた沢に入って少し登ると右側のやぶに登山道が続く。いきなりの急登である。やがてブナ林のトラバース道となる。途中で水の流れを4回横断する。最後の百貫《ひゃっかん》沢から再び急な登りとなって、百貫山をすぎた尾根のコルに出る。

深い森の中に**不帰岳避難小屋**がある。ここから不帰岳南面を回りこむようにして尾根に出るとまもなく森林限界を抜ける。お花畑が連続する広い尾根となり、展望もよくさわやか。

清水岳山頂付近は雪渓があり、冷たい雪解け水が流れている。祖

不帰岳避難小屋を経て清水岳へと続く尾根に出る。7月には一面お花畑となり、長く苦しい登りも報われる

母谷側に緩やかにお花畑が広がる。毛勝《けかつ》三山、剱岳《つるぎだけ》、立山《たてやま》、薬師《やくし》岳《だけ》、そして黒部川源流部の山々が見わたせる。

清水岳から旭岳《あさひだけ》にかけてコバイケイソウ、ハクサンイチゲ、ミヤマキンバイ、ハクサンコザクラなどがそれぞれに棲み分けてびっしりと咲き乱れ、まさに雲上の花園だ。清水平から小旭岳の間の白っぽいザレにはコマクサも散在する。旭岳の中腹を横切って広い雪田を歩くと、まもなく後立山《うしろたてやま》縦走路に出る。静かな山旅は一変してにぎやかになる。**白馬山荘**泊。

第3日　白馬山荘～雪倉岳～朝日小屋

白馬山荘は明治39年創設の全国でもトップクラスの大きな山荘であり、その中央部を割って白馬岳山頂への道がついている。**白馬岳**は長野県側が断崖で、富山県側がなだらかな非対称山稜である。山頂には御影石を組み立てた方位盤がある。新田次郎の小説『強力伝』に当時の状況が詳述されている。

山頂から北側へ馬の背という岩稜を下る。**三国境**が雪倉岳への分岐となる。前方に鉢《はち》ヶ岳《たけ》、雪倉岳、朝日岳が望まれる。タカネマツムシソウの群落もある。**鉱山道分岐**の先で鉢ヶ岳の東面を巻いていく。美しい花々を愛でながら進むと、砂礫の平坦地に**雪倉岳避難小屋**がある。

砂礫の道を登っていくと**雪倉岳**の山頂に着く。厳冬のころでも雪をとどめることはなく、広い砂地がむき出しである。このあたりで朝日小屋への中間といえる。下ったところに水の流れがある。

赤男山《あかおやま》は西側を水平に巻いていく。小桜ヶ原《こざくらはら》の湿地帯を行く。まもなく朝日岳山頂からの道に出合う。朝日小屋へは**水平道**を行く。

■鉄道・バス

往路＝北陸新幹線で黒部宇奈月温泉駅へ。富山地方鉄道に乗り換えて宇奈月温泉駅。徒歩5分で黒部峡谷鉄道。終点欅平駅で下車。

復路＝▽北又小屋からの下山はタクシーに限る。朝日小屋から電話して予約するとよい。北又小屋から小川温泉の間は、「問合せ先」の3社のみ通行可。タクシー乗車は1人100

赤男山にある燕岩

水平道とはいいながら小さな登り下りはいくつもある。いやになるほど歩いて水谷《みずたに》のコルに出れば**朝日小屋**は近い。

第4日　朝日小屋〜北又小屋

下山日は北又小屋へ下るのだが、せっかくだから、朝日岳に登ってから下山しよう。**朝日岳**からの眺望はすばらしい、360度さえぎるものがない。広い山頂にはイブキジャコウソウ、タカネバラなどが咲く。**朝日小屋**に戻り、**夕日ヶ原**《ゆうひはら》、**イブリ山**を経て**北又小屋**に下る。

CHECK POINT

1

祖母谷温泉。食事もおいしく、ゆっくりできる小屋だが朝食をとって出かけると山頂に届かないので、早朝に出発したい

2

不帰岳避難小屋。第1日に避難小屋泊の場合は欅平からのトロッコ電車は始発に乗らないと厳しい。小屋の近くに清冽な水が流れている

3

清水平の礫地に咲く山の花の女王・コマクサ

4

雪倉岳避難小屋。非常時のみの使用にしてほしい

5

朝日岳を巻く水平道から見る白馬方面

6

朝日小屋。2階からは黒部川扇状地の夜景も眺められる

0円の補助金がある。補助金の申請用紙はドライバーがもっている。

■マイカー

長距離の縦走となるので、公共交通の利用をすすめる。

■登山適期

7月下旬〜9月中旬。

■アドバイス

▽不帰岳避難小屋は近くに湧水もあり、1日目に寝袋と食料をもってこの小屋を利用すれば行程は理想的なものになるだろう。

▽10月に紅葉の山と思ってこのコースを登ったパーティが清水岳を越えてから吹雪となり、さらに登り続けて進退極まったという事例がある。不帰岳避難小屋に戻っておれば生きて帰れたのにと推定される。天候注意。

■問合せ先

黒部峡谷鉄道☎0765・62・1011、祖母谷温泉☎0765・62・1038、白馬山荘☎0261・72・2002、朝日小屋☎080・2962・4639、北又小屋☎0765・84・8809（朝日小屋）、朝日町商工観光課☎0765・83・1100、黒東タクシー☎0765・83・1166、入善タクシー☎0765・72・1141、丸善交通☎0765・72・0203

■2万5000分ノ1地形図

欅平・黒薙温泉・白馬岳・小川温泉

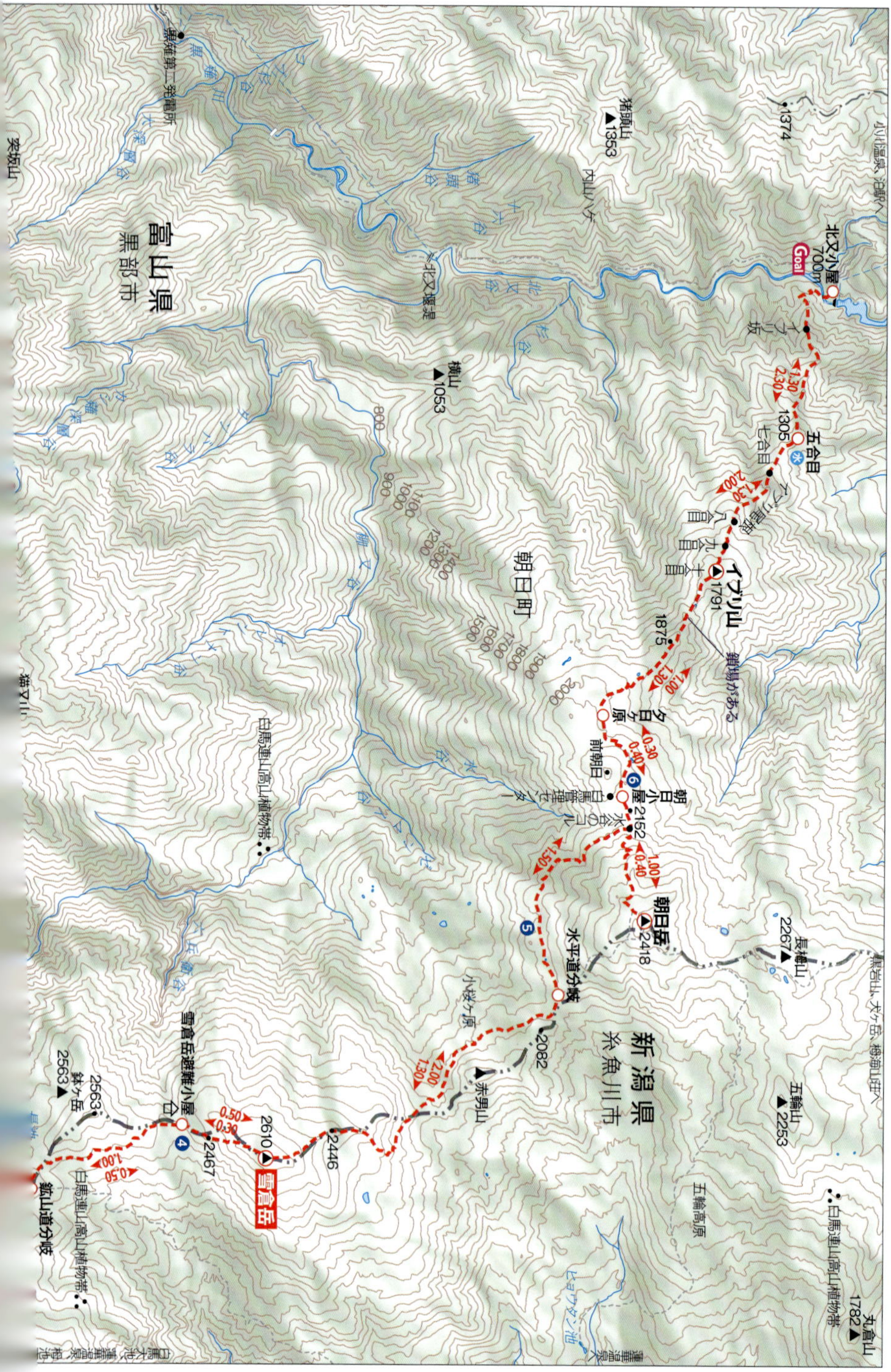

小川温泉、泊駅へ
北又小屋
700m
Goal
イブリ坂
五合目
1305
七合目
八合目
九合目
十合目
イブリ山
1791
1875
鎖場がある
夕日ヶ原
前朝日
朝日小屋
2152
水谷のコル
朝日岳
2418
水平道分岐
小桜ヶ原
2082
赤男山
雪倉岳避難小屋
2467
2610
雪倉岳
2446
鉢ヶ岳
2563
鉱山道分岐
富山県
黒部市
新潟県
糸魚川市
朝日町
長栂山
2267
五輪山
2253
五輪高原
丸倉山
1782
猪頭山
1353
横山
1053
内山ハゲ
北又堰堤
黒薙第二発電所
白馬連山高山植物帯

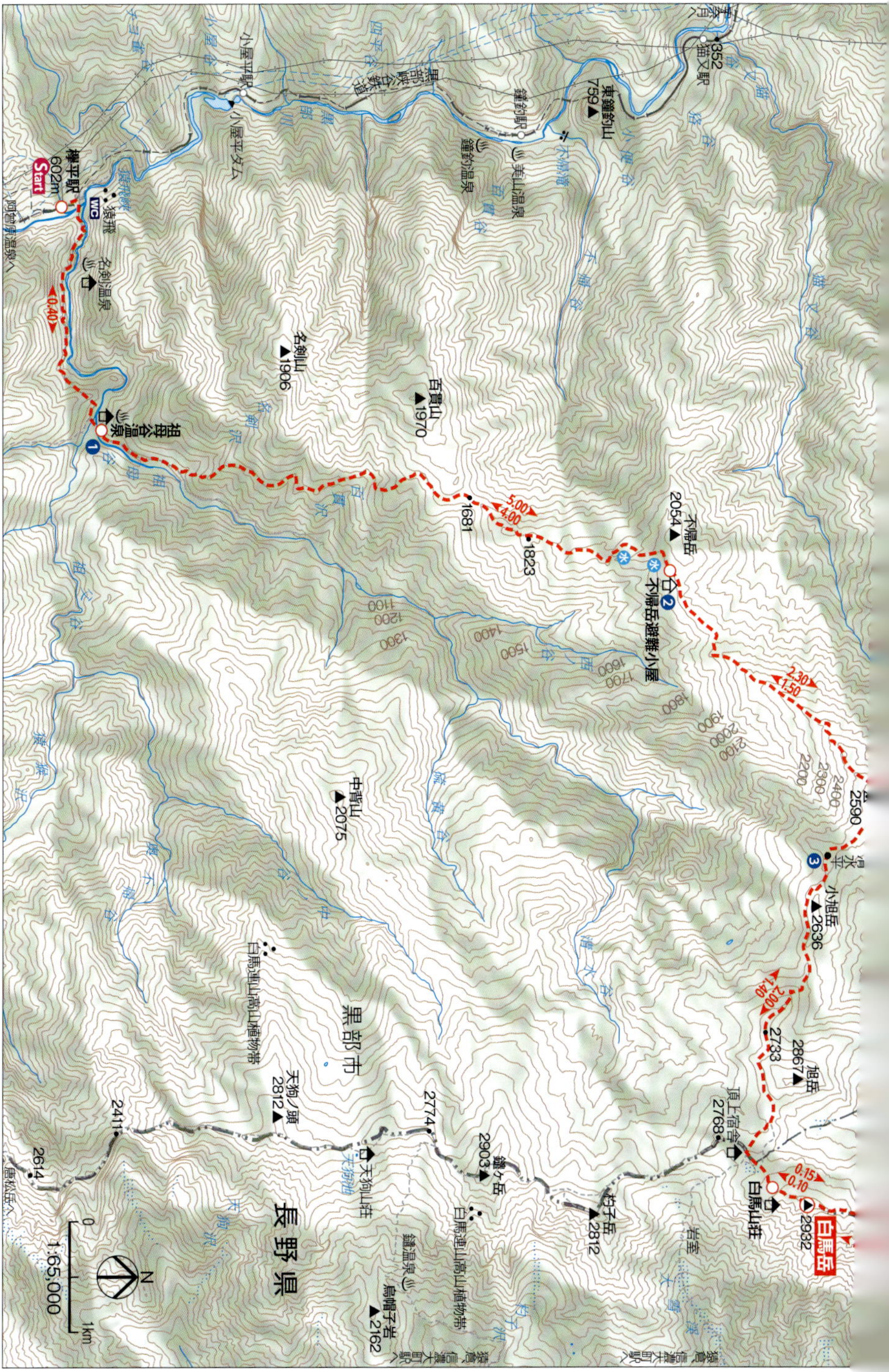

欅平駅
602m
Start
猿飛
名剣温泉
阿曽原温泉へ
0:40
祖母谷温泉
名剣山
1906
百貫山
1970
5:00
4:00
1681
1823
不帰岳
2054
不帰岳避難小屋
2:30
1:50
2590
中背山
2075
小旭岳
2636
2:00
1:40
2733
旭岳
2867
頂上宿舎
2768
白馬山荘
0:15
0:10
2932
白馬岳
杓子岳
2812
鑓ヶ岳
2903
2774
天狗山荘
天狗ノ頭
2812
黒部市
長野県
白馬連山高山植物帯
鑓温泉
烏帽子岩
2162
2411
2614
唐松岳へ
小屋平駅
小屋平ダム
黒部峡谷鉄道
鐘釣駅
鐘釣温泉
美山温泉
東鐘釣山
759
猫又駅
352
N
0
1km
1:65,000

13

お花畑が美しい北アルプス北端のロングコース

朝日岳・長栂山・黒岩山・犬ヶ岳

あさひだけ 2418m　ながつがやま 2267m　くろいわやま 1623m　いぬがだけ 1592m

二泊三日

第1日　歩行時間＝6時間40分　歩行距離＝6・5km
第2日　歩行時間＝9時間20分　歩行距離＝13・0km
第3日　歩行時間＝6時間　歩行距離＝8・2km

技術度
体力度

コース定数 =**81**

標高差 =1718m

累積標高差 3103m 3208m

朝日小屋前から白馬岳方面を望む。左から白馬岳、旭岳、清水岳

朝日岳は人気の山で北又《きたまた》小屋から1泊2日で往復する人が多い。その北にのびる栂海《つがみ》新道は憧れを抱いても無人小屋利用のロングコースとなるので、利用者はぐっと少なくなる。

第1日　北又小屋～朝日小屋

北又小屋からコンクリートの階段を下り、吊橋を渡る。はじめは杉林、ついでブナの原生林になる。イブリ山までを10等分し、標柱に何合目と記されている。**五合目**は平坦地になっていて、左側に少し下ると水を得ることができる。九合目から涸れた沢状のところを登り、突然という感じで**イブリ山**山頂に出る。ここで朝日岳の大きな山容が望まれる。北又小屋から標高差1420メートルをよくぞ登ったと思うことだろう。

コース唯一の鎖場をすぎ、一段登ったところが**夕日《ゆうひ》ヶ原《はら》**。チングルマ、ハクサンコザクラなどが美しく、子育て中のライチョウを見かけることもある。前《まえ》朝日岳を巻くようにつけられた木道の先に三角屋根の**朝日小屋**がある。小屋の2階からは日本海に沈む夕日と黒《くろ》部《べ》川扇状地の夜景が見える。

第2日　朝日岳～長栂山～黒岩山～犬ヶ岳～栂海山荘

朝日小屋からは緩やかな下りで水谷《みずたに》のコルに着く。疎林の中を折り返しながら登ると浅い沢状になり、まもなく**朝日岳**山頂に着く。7月中なら残雪の中を歩くこともある。山頂はお花畑で、イブキジャコウソウやタカネバラなどが咲いている。方位盤や標識があり、

■**鉄道・バス**
往路＝北陸新幹線黒部宇奈月温泉駅下車、またはあいの風とやま鉄道泊駅下車。小川温泉元湯経由で北又の登山口に向かうが、小川温泉元湯から北又間はマイカー乗り入れ禁止。タクシー3社のみ通行可。タクシー乗車は1人1000円の補助金がある。補助金の申請用紙はドライバーがもっている。
復路＝あいの風とやま鉄道市振駅へタクシー約30分。

■**マイカー**
小川温泉元湯から北又小屋間はマイカー乗り入れ禁止。許可された車3社のみ入れる。

■**登山適期**
7～9月。最適期は7月中旬から8月上旬。多くの高山植物が競いあうように咲く。

■**アドバイス**
▽栂海山荘は故小野健氏が生涯にわたって努力を重ねた無人小屋。食料、寝袋持参のこと。そなえつけの募金箱に2000円を入れるようにしたい。
▽白鳥小屋も無人。

■**問合せ先**
朝日町商工観光課☎0765・83・1100、朝日小屋☎080・2962・4639、栂海山荘（要連絡）info@tsugami.info、黒東タクシー☎0765・83・1166、入善タ

眺望は広い。東に頸城《くびき》山塊の山々、戸隠《とがくし》連山、白馬岳《しろうまだけ》、旭岳《あさひだけ》、清《しょう》水岳《ずだけ》、黒部川を隔てて立山《たてやま》、劔岳《つるぎだけ》とその北方稜線の山々などが望まれる。

山頂から北東に向かって下る。下りついた鞍部は**吹上《ふきあげ》のコル**で、右下に向かって下る木道は蓮華《れんげ》温泉へのコースであり、栂海新道の入口は大きな岩に赤ペンキで示されている。

オオシラビソの林を抜けて草原に出るとニッコウキスゲが群生し、2つの池の澄んだ水面に朝日岳を映している。緩やかに木道を登っていくと**長栂山**で、白い岩屑が散在する広い台地である。前方に黒岩平から犬ヶ岳、白鳥山《しらとりやま》から日本海までの長大な景観がある。

長栂山から下りきったところが**アヤメ平**。ヒオウギアヤメやクルマユリなどが咲き乱れ、天空の花園と思うほどのところである。

続く黒岩平は不思議な空間である。広い尾根の上を北に向かって歩いているのに、その真ん中に清冽な水が北に向かって音を立てて流れている。雪解けの際からミズバショウやリュウキンカが咲き、チングルマ、ハクサンコザクラも風に揺れている。

黒岩山で中俣《なかまた》新道を右に分け、狭い山頂に立つ。ここから地形が一変し樹林帯の細い尾根となる。途中、北又の水場（稜線から往復10分）で、必要な水を確保し栂海山荘に向かう。栂海山荘は**犬ヶ岳**山頂を越えたところにある。

第3日　栂海山荘～白鳥山～坂田峠

アップダウンを繰り返しながら少しずつ高度を下げていく。**黄連《おうれん》山《やま》**を下ったところに黄連の水場がある。コルから東側へ往復10分ほどかかる。続く**菊石《きくいし》山《やま》**はアンモナイトが発見されたことから山名がついた。そして1241《メートル》のピークは無名峰であったが、江戸時代、黒部奥山廻り当時の歴史的な山名が復活して**下駒《しもこま》ヶ岳《たけ》**となった。最後のピークが**白鳥山**である。

山頂にある白鳥小屋から先は坂《さか》田《た》峠または山姥洞《やまんばどう》を経て下山する。（20白鳥山の項を参照）

クシー☎0765・72・1141、丸善交通☎0765・72・0203

■2万5000分ノ1地形図
小川温泉・黒薙温泉・親不知

CHECK POINT

登りはじめのイブリ坂は急坂が続く。この先も長いので飛ばしすぎないようにペース配分したい

イブリ山山頂からいったん下って登り返した夕日ヶ原の台地

朝日岳山頂は平坦でベンチもあり、石の方位盤と標識がある

長栂山へ向かう木道。登山道、湿地、植生の保護のために木道が設置されている

尾根上なのに、とても広い黒岩平。川が北へ流れ、ミズバショウ、リュウキンカが咲く

栂海山荘。栂海新道ルート上の重要な山小屋(無人)。寝袋と食料を持参すれば快適にすごすことができる

富山県
朝日町
滝淵
243
400
500
600
700
800
900
1000
1100
1200
1300
1400
1500
初雪山
1596
1139
小屋がある
1287
白鳥山
山姥洞へ
Goal 坂田峠へ
坂田峠へは81㌻の地図を参照
1:30
1092
下駒ヶ山
1241
0:30
0:30
0:50
菊石山
1210
黄蓮の水場
往復10分
1291
1:00
1:30
黄蓮山
1168
1384
犬ヶ岳
1592
栂海山荘
細い尾根
1582
往復10分
北又の水場
1548
2:30
2:00
1612
サワガニ山
新潟県
糸魚川市
柴倉山
1484
中俣山
1037

朝日町
糸魚川市
北又小屋
700m
Start
北又ダム
イブリ坂
五合目
1305
イブリ尾根
七合目
八合目
九合目
十合目
イブリ山
1791
1875
お花畑
夕日ヶ原
前朝日
朝日小屋
2152
水谷のコル
朝日岳
2418
吹上のコル
長栂山
2267
アヤメ平
1902
黒岩平
水場
1644
黒岩山
1623
1606
定倉山
1406
五輪山
2253
白馬連山高山植物帯
越道峠
内山ハゲ
雪倉岳、白馬岳へ
北又谷
黒岩谷
1:50,000
N
0
1km

14

技術、体力のある者にのみ許される西北尾根

毛勝山

けかつやま
2415m

日帰り

歩行時間＝11時間20分
歩行距離＝12・0km

技術度 4
体力度 3

コース定数	=**42**
標高差	=1702m
累積標高差	↗1735m ↘1735m

↑大清水の草原から望む毛勝山。10月中旬をすぎると山頂付近は雪になることもある

←山頂付近からからはすぐそばに剱岳を望むことができる

毛勝山は5、6月ごろに残雪を利用して阿部木《あぶき》谷から登るのが一般的だが、6月下旬をすぎると阿部木谷の取付の板菱《いたびし》が通行できなくなることがある。加えて山頂まで急な雪の斜面が続き、視界が悪いときは側壁からの落石に気づきにくいことなど、条件しだいでは上級者でも厳しくなる。一方、西《せい》北《ほく》尾根は夏から秋にかけて楽しむことができるが、標高差1700㍍、往復10時間以上となり、日帰り登山の限界だろう。充分な経験を積んだ健脚向きのコースである。

車で片貝《かたかい》川沿いに進むと、最後の集落、東蔵《とうぞう》をすぎたあたりから道が狭くなる。片貝川第4発電所をすぎるとさらに道は悪くなり、慎重な運転が求められる。車で入るのは**阿部木谷の出合**まで。道脇に駐車スペースがあり、左手に僧《そう》ヶ岳《たけ》の登山口がある。東又《ひがしまた》谷にかかる橋を渡って、200㍍ほどで道が大きく右に曲がる。少し広くなっており、そこが毛勝山の登山口だ。白い大きな石が置かれてい

■鉄道・バス 最寄バス停から登山口までが遠いため、公共交通機関の利用は難しい。

■マイカー 魚津駅から島尻、東蔵を経て片貝川沿いの道を進む。東又谷に入って、片貝第4発電所、成谷（なるたん）堰堤をすぎ、片貝東又発電所の橋のそばに片貝山荘がある。そこから300㍍ほど進むと、阿部木谷の出合で、駐車場がある。駐車スペースは僧ヶ岳の登山者といっしょになる。

■登山適期 残雪期はルートの選定が難しく、特に下山は迷いやすい。一般には7月下旬から10月下旬がよい。

■アドバイス ▽早朝に出発しないと明るいうちの山頂往復は難しい。下山にもかなり時間がかかるので、前日に片貝山荘に泊まるプランがおすすめ。片貝山荘は無人で、自炊の用意と寝袋持参のこと。

▽コース途上に避難小屋はない。池の水は飲めないので、少なくとも2㍑以上の水が必要。ほかに、非常用品、ヘッドランプは必須である。

■問合せ 登山道についての問合せ先はない。コースについて自治体は関与していないので自己責任で登ること。

片貝山荘☎0765・23・1046（魚津市生涯学習・スポーツ課）

て、目印となる。

木々の間をジグザグに10分ほど登ると、ガレの続く急斜面となり、フィックスされたロープにつかまって登る。**1060メートル**地点に達すると斜度は緩くなり、木々の間から僧ヶ岳や駒《こま》ヶ岳《たけ》の姿が望める。**1700メートル**付近から樹高が低く、まばらになる。部分的に傾斜が強く、ロープにつかまって登るところもある。

岩の間にチングルマが咲くお花畑が現れると、足もとに細長いモモアセ池が現れる。ここを登りきると**モモアセ山**である。

この先も小さな草原に出会い、いくつかの池も点在する。二重山稜のようなところを越えると、大《おお》清水《しょうず》の草原である。毛勝山の山頂部を投影する小さな池があり、昆虫のクワガタに似ていることからクワガタ池とよばれている。

草付きの急斜面の苦しい登りを続けていくと、やがて灌木の林を抜けて、チングルマが一面に咲く**毛勝山**山頂に着く。展望は360度すばらしい。

下山は往路を引き返すが、急斜面で迷いやすいところもある。慎重に下りたい。

■2万5000分ノ1地形図
毛勝山

CHECK POINT

登山道入口は白い大きな石が目印となる

最初の標高差300メートルの登りはかなりきつい

モモアセ山付近、気持ちのよい草原が広がる

2150メートルにあるクワガタ池。池の形がクワガタに似ていることからついた

山頂から見た後立山連峰

毛勝山山頂標識は近年新しくなった。眺望は360度広がる

15 毛勝三山の南端から剱岳北面を望む展望地

猫又山

ねこまたやま
2378m

日帰り

歩行時間＝12時間30分
歩行距離＝15・4km

技術度 ■■■■□
体力度 ■■■□□

コース定数	＝45
標高差	＝1628m
累積標高差	↗1717m ↘1717m

剱岳早月尾根から見た猫又山（右のピーク）

毛勝《けかつ》三山は毛勝山《けかつやま》、釜谷山《かまたにやま》、猫《ねこ》又山《またやま》からなり、その大きな3つの峰は富山平野からよく見える。猫又山は、これまでは残雪期に片貝《かたかい》川の南又谷《みなみまた》から登られる山であった。もちろん今も残雪期には登山や山スキーを楽しむ人は多い。ブナクラ峠から登山道が開かれると、赤谷山《あかたにやま》とともに、馬場島《ばんばじま》からの日帰りコースとして密かな人気を博している。

ブナクラ峠までの道は赤谷山と同じである。**馬場島**から白萩《しらはぎ》川沿いに進むとゲートがある。ゲートをすぎてしばらく行くと白萩川にかかる橋を渡り、左側のブナクラ谷に進む。ブナクラ谷にかかる橋を渡ると、**取水堰堤**が現れる。すぐに小《こ》ブナクラ谷を渡る。続いて大《おお》ブナクラ谷も渡る。橋などはないので、安全なところを見つけなくてはいけない。大ブナクラ谷をブナクラ谷本谷と間違えることがあるので気をつけたい。道はブナクラ谷の右岸通しについている。

イタドリなどに囲まれた川原の道はわかりにくいところもあるが、おおむね道幅は広く歩きやすい。川原のそばにある岩屋は非常時には心強い。

戸倉《とくら》谷で川を渡る。ここが最後の水場になるので、充分な量を補給しておこう。

上部に行くにしたがって斜度が増し、やがて岩塊がゴロゴロするところを登りきると**ブナクラ峠**に着く。ブナクラ峠からは右手に岩塔を見てルンゼ状の中を100㍍ほど登ると狭い尾根に出る。ところどころ道が崩れている。

岩と急な登りが続くが、標高2200㍍あたりで森林限界を抜け

■鉄道・バス
往路・復路＝富山地方鉄道上市駅からタクシーで馬場島へ。約40分。

■マイカー
北陸自動車道滑川ICで下り、大榎の交差点で右折し、早月川沿いの道を進む。下田で上市からの道と合流、馬場島へ。

■登山適期
6月下旬～10月。ただし7月半ばまで雪が残るところがあるので、雪山経験のない人は8月以降が無難。逆に5月はすべて雪に覆われているので、こちらは経験者には楽しいだろう。

■アドバイス
▽馬場島荘に前泊、または後泊すると時間に余裕ができる。
▽残雪時の猫又山からの下りはかなりルートがわかりづらい。
▽大猫山を周遊する場合はここで紹介したブナクラ峠経由がよい。
▽近年、トレイルランニングを楽しむランナーも多く見かけるようになったが、ルートは狭いところが多く、落石や接触事故にならないよう、お互いに気をつけてほしい。
▽往復12時間以上の行程になるので、充分な食料と水を準備すること。非常用の装備も必ず携行するように。
▽入浴施設にアルプスの湯（☎076・473・9333）がある。

■問合せ先

赤谷山から見た東芦見尾根と猫又山

る。8月なら道は草原状に広がる斜面に続くが、7月いっぱいは残雪を見ることもある。この場合、道は雪の中に消え、雪の上を歩くと登山道のはじまりがわかりづらく、苦労する。登りはまだよいが、下りで視界が悪いときなどは小黒《こくろ》部《べ》谷の方に間違って下りることがあるので、慎重に行動したい。

猫又山山頂は岩とハイマツが少しあるだけの狭いところだが、さえぎるものは何ひとつなく、釜谷山、毛勝山、後立山《うしろたてやま》連峰、剱岳《つるぎだけ》とすばらしい景色が広がる。

下山は往路を戻るか、大猫山《おおねこやま》経由で馬場島に戻る。大猫山経由の場合は、途中に水場がないので充分余裕をもって装備したい。

馬場島荘☎076・472・3080、上市交通タクシー☎076・472・0151、旭タクシー☎076・472・0456

■2万5000分ノ1地形図
毛勝山・剱岳

CHECK POINT

1 馬場島から白萩川沿いの道を行く。車は馬場島の駐車場に置く

2 ブナクラ谷の取水堰堤が登山道のはじまりになる

3 1100㍍付近は森の中の穏やかな道を行く

4 岩屋は3~4人はゆっくり休むことができる。緊急時には心強い

5 ブナクラ峠からは大きな岩の間に道がある。急登を登りきると稜線に出る

6 山頂の展望は360度、すばらしい。三角点と頂上標識がある

＊コース図は74ページを参照。

16

剱岳展望が魅力の北アルプス北部の前衛峰へ

大猫山

おおねこやま
2070m

日帰り

歩行時間＝10時間
歩行距離＝7・5km

技術度
体力度

コース定数	＝36
標高差	＝1320m
累積標高差	↗1447m ↘1447m

大猫山に登山道が開かれる前までは、残雪期に東芦見《ひがしあしみ》尾根ルートで猫又山《ねこまたやま》を目指す途中の一山だったが、2000年以降、馬場島《ばんばじま》から登山道が開かれると、景色のよさや、登りごたえのあることから人気の山となった。

馬場島から白萩《しらはぎ》川沿いに進むとゲートがある。ゲートをすぎてしばらく行くと白萩川にかかる橋を渡り、左側のブナクラ谷に進む。ブナクラ谷にかかる橋を渡ると、**取水堰堤**が現れる。ここまでは赤谷山《あかたにやま》、猫又山などと同じだ。

取水堰堤の手前に登山道の入口がある。いきなり急登が続く。1300メートルあたりで背後に大日岳《だいにちだけ》が見えてくる。**1400メートルのコブ**を越えた小さな鞍部は、剱《つるぎ》岳《だけ》を眺める絶好の休憩地点だ。次の1550メートルのピークも剱岳の展望台になっている。岩と針葉樹が幽玄のたたずまいを見せ、「深山に来た」という実感を味わえる。

ダケカンバとブナの尾根を登っていくと、高さ4メートル、幅5メートルくらいの岩が衝立のように立ちはだかる。これは右側を回りこむようにして越える。しばらくは、細く急な尾根が続く。

傾斜が緩くなると突然目の前に草原が広がる。山上の別天地、**大猫平**だ。大小8つもの池が点在し、夏にはニッコウキスゲ、イワイチョウ、チングルマなどが咲き競う。秋にはイワショウブが咲き、イワイチョウの黄葉、チングルマの紅葉がみごとである。

大猫平からひと登りで東芦見尾根の主稜線に出る。しばらく歩くと**大猫山**山頂に登り着く。山頂からは剱岳北面と赤谷山が見わたせる猫又山への道が続いているので、もうひとがんばり、行ってみるの

↑大猫平から大猫山を望む
←大小いくつもの池塘が点在する大猫平

山頂付近から間近に迫る剱岳の眺望はすばらしい

CHECK POINT

馬場島から道路を左手に進み、白萩川沿いを行く

白萩川を渡り、突き当りを左に曲がるとブナクラ谷となる

休憩できる場所は1200メートルあたりにあるが、1400メートルのピークまではかなりきつい登りとなる

1550メートルのピークを越えるとねじれた一枚岩がある。振られないようにロープをしっかりつかんで進みたい

1600メートルをすぎると視界が開け、赤谷山、大窓、小窓、剱岳などの眺望が楽しめる

大猫山山頂。三角点は登山道の左手にあるが、眺望もなく、登山道の右手の高みを頂上としている

もよい。

　下山は往路を戻る。最後の下りは急斜面なので特に気をつけて下りたい。

■鉄道・バス
往路・復路＝15猫又山（68ページ）を参照。

■マイカー
15猫又山（68ページ）を参照。

■登山適期
7月下旬〜10月上旬。残雪がある場合は登山道がどこにあるかわかりづらい。雪が完全に消えるまで待ちたい。

■アドバイス
▽標高差1300メートルの登りはそれなりにきつい。山小屋や水場はないので、充分な水分と食料を持参するようにしよう。
▽ブナクラ谷にかかる橋は5月末に架設され、11月下旬に撤去される。
▽入浴施設にアルプスの湯（☎076・473・9333）がある。

■問合せ先
上市町産業課☎076・472・1111、馬場島荘☎076・472・3080、上市交通タクシー☎076・472・0151、旭タクシー☎076・472・0456

■2万5000分ノ1地形図
毛勝山・剱岳

＊コース図は74ページを参照。

17 剱岳北方稜線の魅力を満喫する

赤谷山

あかたにやま
2260m

日帰り

歩行時間＝12時間
歩行距離＝11・5km

技術度
体力度

コース定数＝**43**

標高差＝1510m

累積標高差 1654m 1654m

かつて赤谷山は、積雪期に登る山だったが、登山道が開かれてからは夏場から紅葉のシーズンまで楽しむことができるようになった。

剱岳《つるぎだけ》北面のすばらしい景観を間近に望むことができる。登山口の馬場島《ばんばじま》から山頂までの標高差は1500メートルあり、日帰りコースとしてはかなりハードな山である。

↑1850メートル付近から赤谷山山頂方向を望む。ピークはもう少し奥

←稜線から見た後立山連峰

馬場島から白萩《しらはぎ》川沿いに進むとゲートがある。ゲートをすぎてしばらく行くと白萩川にかかる橋を渡り、左側のブナクラ谷に進む。ブナクラ谷にかかる橋を渡ると、**取水堰堤**が現れる。すぐに小《こ》ブナクラ谷を渡る。続いて大《おお》ブナクラ谷も渡る。橋などはないので、安全なところを見つけなくてはいけない。大ブナクラ谷をブナクラ谷本谷と間違えることもあるので気をつけたい。

道はブナクラ谷の右岸通しについている。イタドリなどに囲まれた川原の道はわかりにくいところもあるが、おおむね道幅は広く歩きやすい。川原のそばにある岩屋は非常時には心強い。**戸倉谷**《とくら》で川を渡る。ここが最後の水場になる

■鉄道・バス
往路・復路＝15猫又山（68ページ）を参照。

■マイカー
15猫又山（68ページ）を参照。

■登山適期
6月下旬〜10月。ただし7月半ばまで雪が残るところがあるので、雪山経験のない人は8月以降が無難。5月はすべて雪に覆われているのでピッケル、アイゼンを使いこなせる人には楽しい。山スキーも技量のある人には快適である。

■アドバイス
▽ブナクラ谷は本流こそ渡らないが、支流をいくつか渡らなければならない。いずれも橋などはなく、飛び石になるので注意が必要。雨の日は大猫山などに変更した方が無難。
▽稜線上の沢を渡る部分は7月中旬まで雪が残るので、アイゼンをもっていくようにしよう。
▽往復12時間ほどの行程になるので、充分な食料と水を準備すること。非常用の装備も必ず携行するようにしよう。

■問合せ先
馬場島荘☎076・472・3080、上市交通タクシー☎076・472・0151、旭タクシー☎076・472・0456

■2万5000分ノ1地形図
毛勝山・剱岳

ので、必要量を補給しておこう。

上部に行くにしたがって斜度が増し、やがて岩塊がゴロゴロするところを登りきると**ブナクラ峠**に着く。後立山《うしろたてやま》の山々が目の前に広がる。ブナクラ峠は赤谷山と猫又《ねこまた》山《やま》の分岐で、南の方に進む。

最初のピークは岩と低木と草原で、気持ちがよい。次のピークは小黒部《こくろべ》谷側を巻く。次いで小さな沢を登る。この沢は7月上旬まで雪に埋まっている。

沢を抜けると、ハイマツとシャクナゲと岩の美しい稜線になり、これぞ北方稜線と感動することだろう。**赤谷山**山頂は、岩とチングルマとクロマメノキの、実に穏やかな草原である。すぐ目の前に剱岳の荒々しい北面を望むことができる。

下山は往路を戻るが、視界の悪いときや残雪があるときはブナクラ谷で迷いやすいので、充分に注意したい。

山頂広場から眺める剱岳は迫力満点

CHECK POINT

1

大ブナクラ谷を渡る。増水時は注意が必要

2

ルートのすぐ脇にある立山杉の巨木

3

戸倉谷では一度徒渉がある

4

ブナクラ峠直前の岩場。大きな石が積み重なっている

5

ブナクラ峠は猫又山と赤谷山の分岐となる。右に進むと赤谷山

6

赤谷山山頂のしるし

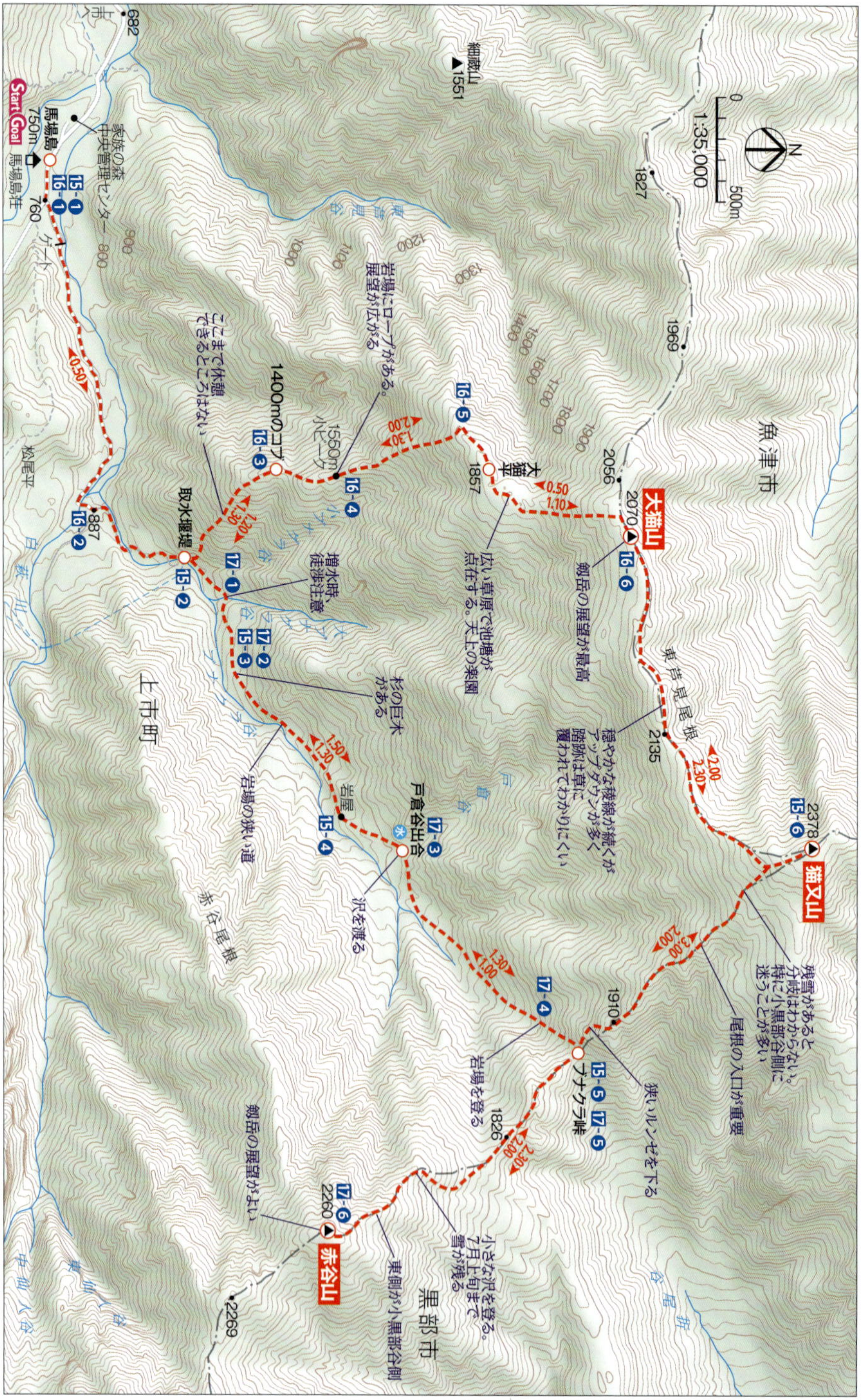
1:35,000
0
500m
N
魚津市
上市町
黒部市
細蔵山
1551
1827
1969
2056
大猫山
2070
16-6
剱岳の展望が最高
東芦見尾根
2135
穏やかな稜線が続くがアップダウンが多く踏跡は草に覆われてわかりにくい
2:00
2:30
猫又山
2378
15-6
残雪があると分岐はわからない。特に小黒部谷側に迷うことが多い
尾根の入口が重要
3:00
2:00
1910
狭いルンゼを下る
ブナクラ峠
15-5
17-5
17-4
岩場を登る
1826
2:00
2:30
小さな沢を登る。7月上旬まで雪が残る
東側が小黒部谷側
赤谷山
2260
17-6
剱岳の展望がよい
2269
大猫平
1857
16-5
広い草原で池塘が点在する。天上の楽園
0:50
1:10
1:30
2:00
1550m小ピーク
16-4
岩場にロープがある。展望が広がる
1400mのコブ
16-3
ここまで休憩できるところはない
1:20
1:30
取水堰堤
15-2
17-1
増水時徒渉注意
17-2
15-3
杉の巨木がある
1:50
1:30
岩場の狭い道
岩屋
15-4
戸倉谷出合
17-3
沢を渡る
1:30
1:00
赤谷尾根
ブナクラ谷
東芦見谷
白萩川
887
16-2
松尾平
0:50
ゲート
760
馬場島荘
馬場島
750m
Start Goal
15-1
16-1
家族の森
中央管理センター
682
中仙人谷
東仙人谷

↑中山山頂からの剱岳の展望

↑立山川畔から見る中山

18

多くの登山者が訪れる樹齢千年の立山杉がある剱岳の展望台

中山

なかやま
1255m

日帰り

歩行時間＝3時間20分
歩行距離＝5.0km

技術度
体力度

コース定数＝13
標高差＝555m
累積標高差 585m 585m

奥大日岳《おくだいにちだけ》から連なる尾根が、クズバ山でいっきに高度を落とす。その末端部で小さな盛り上がりを見せるのが中山である。馬《ば》場島《じま》への途中から見ると、剱岳《つるぎだけ》の前面にあって、馬場島発電所の導水管が中腹に光っている。登山道はよく手入れされており、平日でもたくさんの登山者が訪れる、人気の山である。

馬場島へ入る手前、立山《たてやま》川を渡る橋のたもとに砂利の駐車場がある。そこが**登山口**である。スペースが空いていない場合は、橋を渡った先にある大駐車場に停めることになるが、近いのでまったく気にならない。

登山道は「勇気の為に」と記された遭難碑の横から急な階段を登るところからはじまる。5分ほどで平坦になるが、すぐに急傾斜となり、いっきに高度を上げる。

主稜線に出ると立山杉の巨木が並ぶ。大きなものは幹周囲10㍍を超え、樹齢千年とも二千年ともいわれている。ここを**五本杉《ごほんすぎ》ノ平《たいら》**という。木々の間から大熊山《おおくまやま》が見える。

森の中を小さなアップダウンを3回繰り返して**中山**山頂に立つ。山頂部分は刈り開かれていて、目の前に剱岳の早月《はやつき》尾根が大きく広がり、剱岳を中心に大パノラマを

■鉄道・バス
往路・復路＝富山地方鉄道上市駅からタクシーを利用。

■マイカー
上市町から県道上市北馬場島線で馬場島への標識に導かれて、上市川流域から折戸を越えて早月川流域に入る。馬場島へ入る手前、立山川を渡る橋のたもとに駐車場がある。北陸自動車道滑川ICからの場合、整備が進んでいる早月川沿いを行くとよい。

■登山適期
6〜11月。5月中は雪が残り、斜面

巨大な立山杉に会うことができる

満喫することができる。わずか2時間の登山でこれだけの景色を楽しむことができる山はそうはない。いちばんの人気は秋の紅葉期。新雪に輝く剱岳を眺め、ゆく秋を惜しみ、近づく冬の予感に浸る至福の一時となる。

　下山は往路を戻ってもよいが、東《ひがし》小《こ》糸谷《いとだに》登山道を周遊するのがおすすめである。南東の尾根を下るとクズバ山との**鞍部**に出る。道はよく整備されているので歩きやすい。

　東小糸谷を下ると途中3回の徒渉があるが、よほど雨が降らない限り木の仮橋があり、通行は問題ない。**東小糸谷出合**で林道に出たら、あとは歩いて**登山口**に戻る。

CHECK POINT

1

立山川河川敷の駐車場からは剱岳の雄姿を眺めることができる。登山口は道路を隔てた反対側

2

登りはじめの緩傾斜帯をすぎると、すぐにハシゴもかかる急坂となる

3

五本杉ノ平までは急登に次ぐ急登を行く。道はよく整備されているので歩きやすい

4

大勢の登山者が憩う休日の中山山頂。剱岳の絶好の展望台だ

5

山頂からクズバ山方面に少し進んだ鞍部。ここで直進するクズバ山の道を分けて、左に東小糸谷へ下る

6

東小糸谷を３度徒渉する。よほどの豪雨後でない限り、丸太の橋などがかけられていて、難なく渡れる

も急なので、雪が完全に消えてからがおすすめ。馬場島が紅葉で、剱岳に新雪が降るころの眺めは最高。

■アドバイス

▽クマ対策は必須。

▽春の馬場島は雪解けとともにカタクリ、サンカヨウ、エンレイソウなどが咲く。

▽馬場島は、立山川と白萩川の合流点にある。昔、立山地獄谷の硫黄を人が担いで立山川に下ろし、馬場島まで運んでいた。

▽余裕があれば、剱の大王杉を見にいこう。白萩川沿いの林道を約30分。右手のやぶ台地に踏跡がある。

▽入浴施設にアルプスの湯（☎076・473・9333）がある。

剱岳早月尾根、北方稜線の山々、中山、クズバ山への登山ベースとなる馬場島山荘

■問合せ先

上市町産業課☎076・472・1111、馬場島荘☎076・472・3080、上市交通タクシー☎076・472・0151

■2万5000分ノ1地形図

剱岳

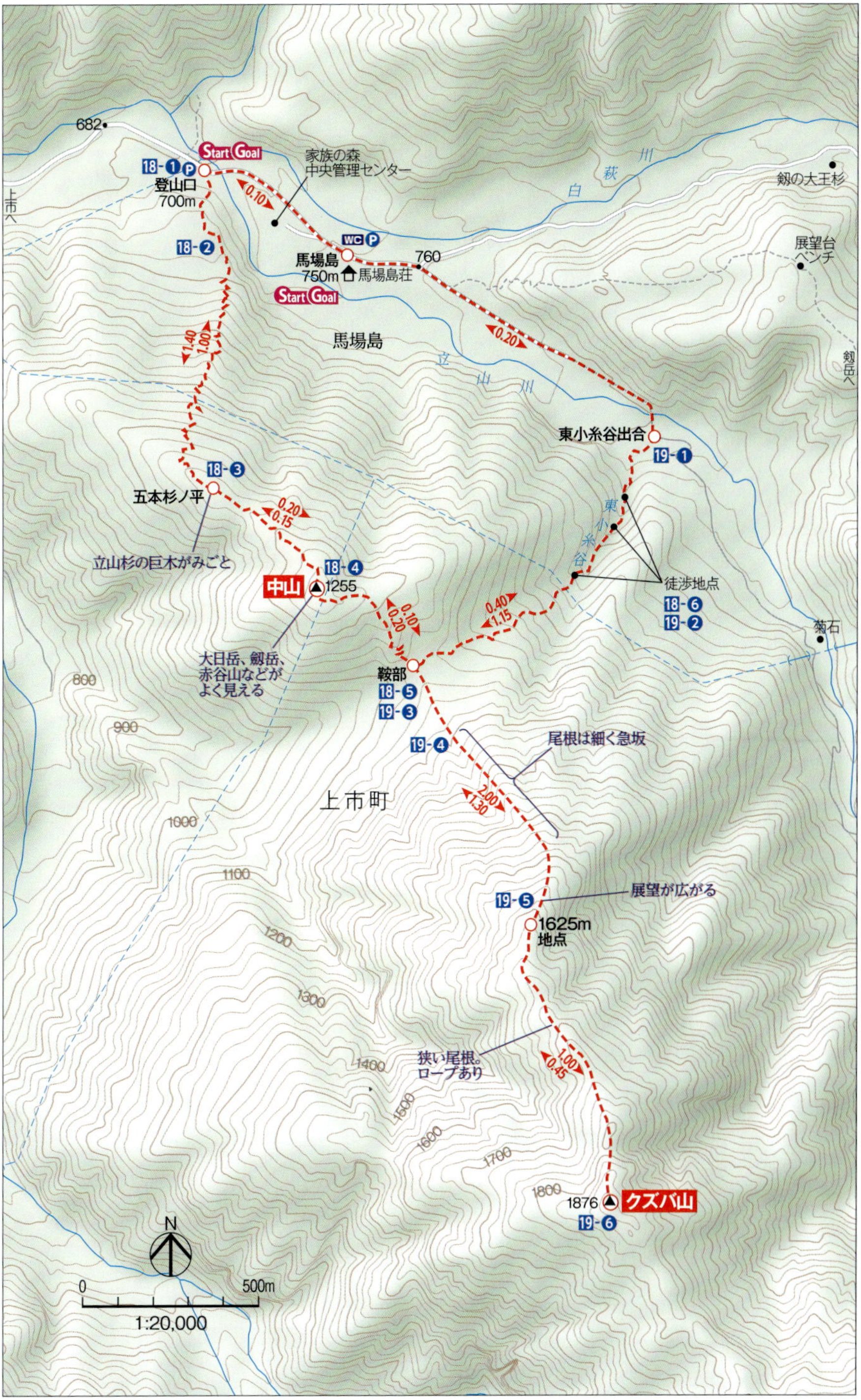
Start Goal
18-1 P
登山口
700m
682
家族の森
中央管理センター
0.10
WC P
馬場島
750m 馬場島荘
760
Start Goal
18-2
1.40
1.00
馬場島
0.20
立山川
白萩川
剱の大王杉
展望台
ベンチ
剱岳へ
上市へ
東小糸谷出合
19-1
18-3
五本杉ノ平
0.20
0.15
立山杉の巨木がみごと
東小糸谷
徒渉地点
18-6
19-2
18-4
中山
1255
0.10
0.20
0.40
1.15
大日岳、劔岳、
赤谷山などが
よく見える
鞍部
18-5
19-3
菊石
19-4
尾根は細く急坂
2.00
1.30
上市町
19-5
展望が広がる
1625m
地点
狭い尾根。
ロープあり
1.00
0.45
1876
クズバ山
19-6
N
0
500m
1:20,000

19

剱岳、大日岳の壮大な眺めを独り占めできる静寂の山頂

クズバ山

くずばやま
1876m

日帰り

歩行時間＝7時間50分
歩行距離＝8・2km

技術度
体力度

コース定数＝30
標高差＝1126m
累積標高差 ↗1269m ↘1269m

クズバ山は奥大日岳《おくだいにちだけ》から北西にのびる尾根の1876メートル地点に位置し、剱岳《つるぎだけ》をはじめ、大日岳、赤《あか》谷山《たにやま》、猫又山《ねこまたやま》などの展望はさえぎるものがなく、間近に望むことができる。馬場島《ばんばじま》からの標高差は1126メートルと、日帰りの登山としては充分登りごたえのある山である。

登山口は立山《たてやま》川にかかる橋を渡った東小糸谷《ひがしこいと》出合になるが、春先は雪があって車が入れないこともあるので、**馬場島**から案内しよう。馬場島荘の前に駐車場がある。

東小糸谷の入口までは舗装路を歩く。中山《なかやま》からの周遊コースとなっている**東小糸谷**はよく整備された登山道で歩きやすい。途中、3回沢を渡るが、木製の橋がかかっており、通常の水位だと問題はない。水場はここが最後なので充分補給しておこう。

中山との鞍部で道は南側に分かれる。小さな看板が出ている。1200メートル付近までは尾根が広く、傾斜もないが、これをすぎると尾根は狭まり、傾斜もかなりきつくなる。

山頂から奥大日岳に続く稜線と奥は立山

1600メートル付近から見た猫又山とブナクラ谷

クズバ山山頂から大日岳を望む

■鉄道・バス
往路・復路＝富山地方鉄道の上市駅からタクシーを利用する。

■マイカー
上市から県道46号を東に進み、折戸峠を経て早月川沿いの県道333号を馬場島に向かう。滑川ICからは県道67号を早月川沿いに馬場島に向かうこともできる。

■登山適期
6月上旬〜11月初旬がよい。6月中は稜線上に雪が残ることがある。また、11月に入ると雪を見ることもあるので、それなりの準備が必要となる。

■アドバイス
▽馬場島荘およびキャンプ場はとても快適。赤谷山、猫又山などと合わせて登山する場合は便利だ。
▽登山道の草刈りが入る前はわかりづらいところもあるので、注意が必要。
▽残雪がある場合はスリップ、特に道迷いには気をつけたい。
▽夏場は暑いので、最低でも1・5リットルの水を持ちたい。

■問合せ先
馬場島荘☎076・472・3080、上市交通タクシー☎076・472・0151

■2万5000分ノ1地形図
剱岳

1625㍍のピークまで登ると展望も開け、傾斜も緩くなる。ただし、このあとも小さなピークを3回ほど越えなければならない。尾根の狭い場所では足もとに注意が必要だ。山頂直下では西側に切れこんだ急な斜面を登る。固定ロープがあり、支えにできる。

登り着いた**クズバ山**山頂の展望はさえぎるものがなく、猫又山、ブナクラ谷、赤谷山、剱岳、立山、大日岳と最高の展望が広がる。山頂から西大谷山《にしおおたにやま》、奥大日岳方面には道は開かれてはいない。

下山は往路を戻ることになる。傾斜のきついところはすべりやすいので充分注意が必要。雪の多い年は稜線の登山道上に残雪があるところがある。道迷いにも気をつけたい。

クズバ山だけで物足りない人は、中山を経由して下ると2時間プラスになるが、さらに充実した登山となるだろう。

山頂から見た剱岳。ダイナミックな眺望が目の前に迫る

CHECK POINT

1 立山川を渡った東小糸谷の入口。ここから谷沿いに中山との鞍部へ

2 小さな沢にかかる木製の橋。東小糸谷は3箇所の徒渉点がある

3 登り着いた稜線はクズバ山と中山との鞍部。左にクズバ山方向へ

4 1200㍍近くまでは傾斜もさほどではなく尾根も広い

5 1200～1600㍍は急な斜面が続く。途中、杉やブナの大木がある

6 さえぎるもののない山頂は、富山県の山で屈指の展望台

＊コース図は77㌻を参照。

20 白鳥山

栂海新道北端部の山に立ち、日本海を望む

しらとりやま
1287m

日帰り

歩行時間＝6時間10分
歩行距離＝7・7km

技術度 ★★
体力度 ★★

コース定数＝22

標高差＝692m

累積標高差 ↗856m ↘856m

↑烏帽子林道最高点からの白鳥山。左の谷あいが上路地区

←白鳥山から犬ヶ岳方面を望む

白鳥山は北アルプス最北の1000㍍峰である。日本海の海抜0㍍から白鳥山、犬《いぬ》ヶ岳《たけ》を経て朝日《あさひ》岳《だけ》を結ぶ北アルプス最北部の縦走路、栂海《つがみ》新道の山として知られている。山頂には白鳥小屋（無人）が建てられ、林道も舗装されていて入山しやすい。

登山口の坂田《さかた》峠は昔、越中《えっちゅう》と越後《えちご》を結ぶ山回りの旧北陸《ほくりく》街道だった。駐車場から5分、**坂田峠**の登山道入口から白鳥山頂にいたる登山道はよく手入れされている。登りはじめるとすぐに急登が続く。途中に「金時坂《きんときざか》」の標識がある。300㍍ほど直登すると、平坦になって**金時《きんとき》ノ頭《かしら》**となる。少し先の2つの沢を横切るところに、**シキワリ水場**がある。イワウチワ、シラネアオイ、エンレイソ

■**鉄道・バス**
往路・復路＝えちごトキメキ鉄道市振駅からタクシーで約30分。

■**マイカー**
国道8号の境川から境川第2発電所の前を通って、富山県の大平から新潟県の上路（あげろ）に向かい、上路橋立林道を進む。上路から3・5㌔で坂田峠駐車場。

■**登山適期**
5月中旬～10月下旬。5月中旬は山頂付近のカタクリが美しいが、途中の尾根にはまだ残雪がある。5月いっぱいは積雪の残るところもある。

■**アドバイス**
▽白鳥小屋は栂海新道を行く登山者に重宝されている。
▽上路集落には謡曲「山姥」にまつわる山姥神社、拝岩、手玉石がある。
▽坂田峠は橋立金山経由の旧北陸道、親不知海岸が荒れて通れないときに利用されていた。橋立金山最盛期には、この峠道がにぎわっていたという解説板があり、往時をしのばせる地蔵が安置されている。
▽入浴はさざなみ温泉みずしま（☎0765・83・3353）で。

■**問合せ先**
糸魚川市役所交流観光課☎025・552・1511

■**2万5000分ノ1地形図**
親不知

ウなどが顔を見せる。5月中旬はこのあたりから残雪となる。

広葉樹林をすぎ、頂上に続く広い尾根を登る。**山姥《やまんば》コースの合流点**あたりでは、尾根上の雪は早くから解ける。このあたりはカタクリの群生が美しい。

白鳥山山頂は富山県と新潟県の県境である。三角点標石と白鳥小屋がある。小屋の2階からは南にのびる栂海新道の山々や立山《たてやま》、剱《つるぎ》岳《だけ》も眺められる。日本海も見え、北アルプス北端の山を実感できる。小屋は清潔でゆっくり休める、とてもありがたい存在である。

帰路は往路を戻ってもよいが、変化に富む山姥コースからの下山も悪くない。**山姥コースの分岐**は山頂から下りはじめてすぐにあるが、気をつけていないと通りすぎてしまう。

鳥居杉《とりいすぎ》をすぎ、鼓滝《つづみ》の上流で沢を渡るが、すべりやすいので注意したい。**山姥ノ洞**は見晴らしがよい。**山姥林道の終点**から**坂田峠**の駐車場まではアスファルトの林道を歩く。

CHECK POINT

金時坂の急坂は階段などが付けられていて、歩きやすい

白鳥山山頂までのほぼ中間点にあるシキワリ水場。水筒に水を満たしていこう

白鳥山山頂に建つ無人の白鳥小屋。ハシゴで屋根上の展望台に登ることができる

鳥居のように木が渡されている鳥居杉を通って下っていく

山姥コースは沢を渡ったり、ロープがつけられた急坂を下っていく

山姥が住んでいたという伝説が残る大岩、山姥ノ洞。岩に虚空蔵菩薩が刻まれている

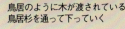

21

北アルプスから日本海までが見わたせる、ほたるの里・笹川源流の山

黒菱山

くろびしやま
1043m

日帰り

歩行時間＝6時間10分
歩行距離＝11・4km

技術度

体力度

コース定数＝29

標高差＝943m

累積標高差 ↗1324m ↘1324m

黒菱山から見る初雪山（左）と朝日岳(右)

朝日町の田園地帯から黒菱山(中央)を見上げる

黒菱山は県東部の朝日《あさひ》町にあり、笹《ささ》川源流部を取り囲むように連なる大鷲山《おおわしやま》、焼山《やけやま》、黒菱山、二《に》王山《おうざん》、南保富士《なんぼふじ》の最高地点である。登山道は、近年朝日町の折谷氏を中心とする有志が地元の了解を得て、数人の仲間と伐開をはじめ、完成した。

車を**黒菱山登山口**の石標が立っているところに駐車する。笹川集落周辺に車止めのゲートができたため、ゲートより奥への車の乗り入れはできなくなった。ここから笹川右岸沿いの林道を歩くことになる。

尾根取付（旧尾根取付登山口）までの林道はところどころ荒れており、落石や崩壊に充分に注意して通行したい。数年前には林道の入口から6㌔あたりで大規模な崩壊があった。

1時間30分ほど歩いた林道の行き止まりで、右側に「黒菱山」の木板がある。**尾根取付**は笹川の流れの対岸にある。沢は左右に分かれており、右方向には親不知滝《おやしらずのたき》、尾根の取付には左方向へ進む。橋はないが、よほどの豪雨でない限り問題なく通過できる。沢から目の前の小尾根にステンレスの登山標識が白く光って見える。

登山道はいきなりの急登ではじまる。標高差で100㍍も登ると斜度はしだいに緩くなり、尾根の幅も広くなっていく。まったく下りがなく、急登で高度を上げるコースだが、登山道は整備されていて歩きやすい。標高約830㍍地点で、コース上では貴重な平坦地から黒部川扇状地の先に日本海を

■鉄道・バス
往路・復路＝最寄りバス停から登山口までが遠いため、公共交通機関の利用は難しい。

■マイカー
北陸自動車道朝日ICで降り、国道8号を右折して3・5㌔進み、横尾西の信号で右折、笹川トンネルを抜けて笹川集落に入る。やがて家がまばらになりはじめたところに橋があり、直進すれば七重滝や、三峯グリーンランドへ向かう道である。橋の手前で左折し、笹川沿いに進み、上笹川橋の手前、車道の左側に黒菱山登山口の石標が立っている。

■登山適期
5月上旬～10月末。川沿いの林道なので夏はオロロ（アブ）対策が必要。

■アドバイス
▽登山口の右手に小さな沢があり、水量の多い時に「親不知滝」とよばれる滝が出現する。
▽笹川は、夏には蛍が舞う地区として知られている。
▽ささ郷ほたる交流館は田舎暮らしが体験できる施設。
▽入浴施設にらくちーの（☎0765・82・0990）がある。

■問合せ先
朝日町役場商工観光課☎0765・83・1100

■2万5000分ノ1地形図
泊・親不知

↑黒菱山山頂からは360度のすばらしい展望が広がる。北を向けば日本海が間近だ
←黒部川の向こうには剱岳や毛勝三山が白く光る

望むことができる。

急登を登りきると主稜線に出る。90度右に折れ、ゆったりとした道を進むと、2等三角点のある**黒菱山**山頂に着く。南に白馬岳《しろうまだけ》と栂海《つがみ》新道の山々が並び、黒部川を隔てて剱岳《つるぎだけ》、毛勝《けかつ》三山、駒《こま》ヶ岳《だけ》、僧《そう》ヶ岳《たけ》と並ぶ。足もとからは黒部川扇状地、富山湾の向こうに能《の》登《と》半島までが望まれる。この山頂の眺望こそが、長い林道歩きと急登を登りきった充実感だろう。

下山は同じコースを引き返す。

CHECK POINT

笹川地区のはずれにある林道ゲート。手前に車を停めて、ここから歩きはじめる

大きく崩壊した林道を行く。尾根取付まで数箇所の崩壊箇所がある

やぶに覆われているが、かき分けて進むと尾根取付の登山道入口がある

登山道入口すぐそばで出合う親不知滝

林道の黒菱山登山口。すぐに急登がはじまる

ブナやミズナラの林を行く。森林浴気分で登っていこう

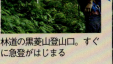

22

標高0㍍のヒスイ海岸から登る
大鷲山

おおわしやま
817m

日帰り

歩行時間=5時間
歩行距離=7.5km

技術度

体力度

コース定数	=**21**
標高差	=807m
累積標高差	↗ 928m ↘ 928m

↑黒菱山から大鷲山山頂部を望む

↑木々の間から境川河口と登山口を見下ろす

ほとんどの山は、いくらか標高のあるところからスタートするが、この山の場合は海抜0㍍からの登頂となる。新潟県と富山県の境にある境川《さかい》河口が出発点である。ヒスイ海岸から登り、山の標高そのものを自分の足で上がる。その上、登るにつれて、右に左にと海が見えてくる。海を見下ろし、栂海《つがみ》新道の山々を眺めながら、気持ちのよい尾根を歩く、なかなかの山である。山間部への交通が不便になり、北アルプスの有名な山以外はアプローチにマイカーという今、鉄道で行ける貴重な山でもある。

国道脇の**登山口**にある標柱には「山道入口、海を見ながら山歩き、山頂へ5㌔、3時間」と記してある。少し登って用水路を進み、すぐに杉林の急登となる。送電線の鉄塔広場で息を整える。この先も急な杉の植林地を直登する。このあたりが我慢のしどころだ。

まもなく広葉樹の林になり、470㍍の小ピークとなる。50㍍ほど下り、登り返したところが**展望広場**で、林道烏帽子《えぼし》線が横切っている。海を眺めるには絶好の地で、

■**鉄道・バス**
往路・復路=えちごトキめき鉄道・あいの風とやま鉄道市振駅で下車。国道を約1㌔歩く。

■**マイカー**
富山県側から国道8号を走った場合、海側に境建設、山側に境川第二発電所があり境川にかかる境橋の手前、国道の横に登山口標識が立っている。

■**登山適期**
4月中旬～10月下旬。通年登山できる。紅葉の秋から残雪のころもよい。冬は輪カンジキが必要。

■**アドバイス**
▽車で烏帽子林道を進み、中間地点の展望台から登れば半分ですむが、やはりこの山は、自分の足で海から登ったことを実感してほしい。ヒスイ海岸は、姫川あたりから流されたヒスイが時々打ち上げられる。
▽登山後、時間が許せば富山県側の越中宮崎駅までの約3㌔の海岸散歩

春に咲くタムシバ。大鷲山では花も楽しみ

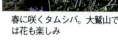

休憩用のベンチもある。
林道の法面に刻まれた道を登ると、ブナやナラの林で、春はイワウチワで林床がピンク色になる。

道は尾根を忠実にたどる。途中から白鳥山《しらとりやま》や上路《あげろ》の集落が見えてくる。

灌木の背は低くなり、風雨に耐えたゴヨウマツが細い尾根の真ん中に現れたりして気持ちよく歩ける。左右の展望もよく、海が見えるのもうれしい。

750メートル地点で進行方向は直角に左に折れる。この少し先で正面に山頂が見えてくる。山頂では初《はつ》雪山《ゆきやま》が見え、その左に犬《いぬ》ヶ岳《たけ》から白鳥山あたりの山々を望むことができる。

大鷲山山頂は広く刈り開けていて、三角点標柱と頂上標識がある。

下山は往路を戻る。

もよい。
▽山名は地形図にのっていない。817メートルの三角点の点名「大鷲谷」から名づけられている。
▽渡り鳥の通過地点。バードウオッチングの人たちに人気の広場となっている(緑風の碑)。
▽四季を通じて登っている地元の方によると、運がいいと佐渡島が見えると話す。
▽駐車は市振駅前の広場を利用。

■問合せ先
朝日町役場商工観光課☎0765・83・1100

■2万5000分ノ1地形図
泊・親不知

CHECK POINT

1 国道8号の道脇に登山口の入口がある。ここからいっきに800メートルを超える標高を登る

2 登山口からすぐに杉林の急登となる。しばらくは展望もなく、がまんの登りが続く

3 中間地点の展望広場。林道が横切っている尾根の乗越で、猛禽類の渡りが観察できる

4 山頂直下では風雪に耐え抜いたゴヨウマツを見ることができる

5 「ヒスイ海岸からようこそ」の標柱が立つ大鷲山山頂

23 南保富士《なんぼふじ》 727m

気軽に登れて展望がよく、地元で愛されている山

日帰り

歩行時間＝3時間40分
歩行距離＝6・2km

技術度 ★★☆☆☆
体力度 ★☆☆☆☆

コース定数	＝17
標高差	＝390m
累積標高差	↗782m ↘782m

笹川集落から見上げる南保富士（右奥）

「南保」というのは朝日《あさひ》町南保地区の地名である。以前は国土地理院の地形図に山名が記されていなかったが、地元から仰ぎ見る「富士」として最新の地形図に山名が入った。

国道8号を西横尾《にしよこお》で山側に曲がり新笹川《しんささがわ》トンネルを抜け、雁蔵《かんぞう》から大規模林道に入って三峯《みつぼ》グリーンランドへ。ここの大駐車場に車をおいて歩いてもよいが、この先、大規模林道の整備が進んでいるので、順調なら**登山口**の広場まで車を入れることができる。ふるさと歩道などの分岐点標識があり、右の林道を10㍍ほど進んだところで山道に入る。

はじめは杉林、次はカラマツの林、続いてアカマツの尾根になる。尾根の途中に猪山《いのししやま》への分岐標識があるが、そのまままっすぐ登る。

まもなく、三角点標識のある**南保富士**山頂に着く。広い山頂で、展望もよい。眼下に笹川集落と城《しろ》山《やま》、そして日本海がすぐ近くに広がる。山頂からこんな近くに海が見える山はそうないだろう。黒部《くろべ》川扇状地の眺めもすばらしい。

七重滝。その名の通り、7段になって落ちる美瀑だ

下山は登って

■**鉄道・バス**
往路・復路＝あいの風とやま鉄道泊駅からタクシーを利用。

■**マイカー**
北陸自動車道朝日ICで降り、国道8号を北へ、西横尾で山側に入り、新笹川トンネルで笹川へ。

■**登山適期**
4月中旬までは山頂や稜線に雪が残るので、登山道が現れる5月以降がよい。新緑が美しく、紅葉もよい。

■**アドバイス**
▽春のふるさと歩道ではカタクリの花も多い。
▽七重滝だけを見るときは七重谷川にかかる橋から約30分で滝の展望台に登ることができる。水量のある新緑のころが迫力満点。
▽南保富士頂上からの帰路に、猪山を経由して七重滝へ直接下る登山道もある。ただし、この道は、猪山から下は固定ロープが連続する急坂で、なおかつ最終部分は両側が切れ落ちたやせ尾根となるので、子ども連れなどにはすすめられない。

■**問合せ先**
朝日町商工観光課☎0765・83・1100、黒東《くろべ》タクシー☎0765・83・1166、三峯グリーンランド☎0765・83・1100（朝日町農林水産課）

■**2万5000分ノ1地形図**
泊

きた道を、そのまま**登山口**まで戻る。そのあと、ふるさと歩道を歩いて、七重《しっちゃ》滝を見に行こう。七重谷川から池《いけ》ノ原《はら》へ水を引いた用水路跡をふるさと歩道として整備したもので、ほぼ平坦だが、断崖にあり、登山道のような楽しさがある。道が谷にぶつかって少し下ったところに**七重滝の展望台**がある。

七重滝は南保富士を水源としており、落差は50～70メートルほど、7段になって落下する光景は圧巻である。昔から文人・墨客に親しまれたという。

帰路はふるさと歩道を**登山口**へ戻る。

CHECK POINT

登山口近くにある三峯グリーンランドの春は、桜やウメの花に包まれる

駐車場広場のそばにある「ふるさと歩道」の標識。登山口は右手の林道へ進む

緩やかな登山道もやがて斜度を増してきてアカマツの尾根を登る

尾根の途中に猪山への分岐点標識がある。このあたり、春はイワウチワがよく咲いている

南保富士山頂。広く展望がよい。かわいい山頂標識がある

七重滝付近の「ふるさと歩道」を歩く。春は足もとにカタクリの花が咲いているのが見られる

24 大地山《おおちやま》 1167m

山頂付近から朝日岳と白馬岳を眺める特等席

日帰り

歩行時間＝6時間
歩行距離＝9.0km

技術度
体力度

コース定数＝24
標高差＝997m
累積標高差 ↗1036m ↘1036m

↑黒菱山から見る大地山。背後は白馬岳

←大地山山頂展望。右に初雪山、中央は犬ヶ岳

大地山は、これまでは残雪期にのみ登られる山であったが、山頂まで道がつき、無雪期にも登られるようになった。

自然体験学校の夢創塾を起点に、そこが**登山口**となる。取付は、鼻がつかえるほど急な杉林で、固定ロープが張ってある。最も急なところは10メートルほどだが、その後も急な杉林が続く。20分ほどで暗い杉林が終わると、アカマツと広葉樹の明るい尾根になる。ここも急傾斜で、ところどころに固定ロープが張ってあり、有効である。

アカマツの巨木のある平坦地で、いったん、前半の急登の分の休憩をとりたい。木々の間から朝《あさ》日岳《ひだけ》や白馬岳《しろうまだけ》が見える。負釣山《おいつりやま》がすぐそばにあり、麓の集落や小川の流れ、さらに黒部《くろべ》川扇状地や海までがよく見える。

樹相はブナへと変わっていく。春は尾根の西側にびっしりとイワウチワが咲き、ピンクの絨毯を敷いたようになる。小ピークは左側を回りこんでいくと、気持ちのよいブナの細い尾根になる。鍋倉山へは山頂を直登せず、右へ山腹を横切るようにして行き、尾根に出たところでクランク型に登る。

■鉄道・バス

往路・復路＝あいの風とやま鉄道泊駅からタクシーを利用。

■マイカー

国道8号から県道45号へ入り、小川流域最奥の集落、羽入へ。その先2キロぐらいで青い橋を渡り、小川第二発電所に突き当たったところで右に進む。夢創塾が登山口となる。

■登山適期

5月中旬〜11月、雪解けから紅葉まで。4月下旬〜5月上旬は、イワウチワのピンク色と新緑が美しい。鍋倉山山頂周辺は、一面の雪で展望もすばらしい。しかし、残雪歩きの経験と覚悟がないと、大地山へ登るのは厳しい。雪解けを待ちたい。

■アドバイス

▽夢創塾（☎0765・84・8837）は蛭谷の住人長崎喜一氏が主宰。自然の中での作業を通じて、知恵や文化を伝えていく自然体験塾。
▽駐車スペースは、私有地につき夢創塾に許可を得て利用しよう。
▽夢創塾の対岸にハーブ園がある。
▽近くに不動遺跡がある。日本最大級の復元住居、縄文時代の竪穴式住居跡がある。
▽城山（宮崎城址）は、山頂近くまで車で行ける公園。日本海、北アルプス、富山平野が一望できる。
▽入浴施設は小川温泉元湯ホテルおがわ（☎0765・84・8111）、

鍋倉山の山頂台地は広い。登山道から10メートルほど右に入った地点に三角点標石があり、朝日岳、白馬岳、清水岳《しょうずだけ》などが見えるように刈り開かれている。

三角点からは小さなアップダウンを繰り返しながら、しだいに高度を上げていく。標高1000メートルあたりで掘割のようなところを横切って最後の登りとなる。樹木の背が低くなって、平坦になると山頂である。

大地山の山頂は広く平坦で、眺望はよくない。少し北に進んだところから、犬《いぬ》ヶ岳《たけ》、初雪山《はつゆきやま》が見えるのみである。山頂から少し戻った1100メートルあたりが最も眺望が楽しめる。

帰路は往路を戻る。

CHECK POINT

1 登山口からはいきなりの急登で、アカマツの大木がある休憩ベンチへ

2 アカマツの尾根より棚山の向こうに黒部川扇状地と富山湾を見る

3 急登のあとの巨木にほっこりとする。ベンチもあるので休んでいこう

4 ブナ林の林床は、イワウチワ、カタクリ、ショウジョウバカマなど、多様な花が咲く

5 このコース上いちばんの展望地。朝日岳、白馬岳の眺めが広がる

6 大地山山頂

らくちーの（☎0765・82・0990）がある。小川温泉露天風呂がおすすめ。景色を眺めながらの入浴は疲れがとれる。

■問合せ先
朝日町役場商工観光課☎0765・83・1100

■2万5000分ノ1地形図
小川温泉・舟見

棚山の池越しに負釣山を望む

25

負釣山

標高のわりにはスリリングで人気の高い山

おいつりやま（おいつるしやま）
959m

日帰り

歩行時間＝3時間30分
歩行距離＝4・5km

技術度

体力度

コース定数＝14

標高差＝564m

累積標高差 555m 555m

負釣山は小川《お》の支流、舟《ふな》川の源流にそびえ、黒部《くろべ》川扇状地のどこからでもよく仰がれる山である。入善《にゅうぜん》町の最高峰だが、標高が1000㍍未満で、アプローチも簡単なので、トレーニング山行などにも人気がある。しかし低い山だとあなどってはいけない。六～七合目と九～十合目は、ロープの張られた急な細い尾根となる。

負釣山七合目から見る朝日岳

七合目、ベンチのある展望地。栂海新道の山並みを望む

負釣山への登山道は、舟川の流域から小川温泉方面への古い峠道、オコ谷《たに》道の峠にある。負釣山の登山案内板やテーブル、ベンチ

■鉄道・バス　公共交通機関は適さない。

■マイカー　愛本橋から舟見街道に入る。バーデン明日を川沿いに進むとひなびた谷間となる。山神社をすぎオコ谷道の入口で標識にしたがい左折し、峠まで。峠の下に10台ほど駐車できる広場がある。

■登山適期　5～11月、新緑から紅葉までよい。ただし、盛夏は暑いので注意が必要。

■アドバイス　▽軽いハイキング気分で出かけると、六合目あたりでアゴがでる。

▽登山道は整備されているが部分的には狭く、急坂で木の根につかまりながら登るところもある。つまずいての転倒は滑落の危険があるので、特に下りは慎重になる必要がある。

▽舟見は、旧北陸街道の宿場町で、今も松並木が残っている。

▽入浴施設にバーデン明日（☎0765・78・2525）がある。

■問合せ先　入善町役場商工観光課☎0765・72・1100

■2万5000分ノ1地形図　舟見

が置かれている峠の広場から作業林道を少し登ったところが**登山口**。

擬木の階段からはじまる登山道は、ミズナラの林を登ると一合目の標識がある。山頂を十合目として標識があるので目安となるが七合目から上の区切りは短い。

四合目をすぎると4等三角点がある。六合目から両側の切れ落ちた急なヤセ尾根で、固定ロープが張ってある。**七合目**の展望台にはベンチがあり、栂海《つがみ》新道の山々がよく見える。ここからいったん下って、小さなコブを登り、最後の急坂を経て山頂となる。

負釣山山頂は細い尾根を登ってきた目には広く感じられ、三角点と方位盤がある。毛勝山《けかつやま》や僧ヶ岳《そうがたけ》がよく見え、後立山《うしろたてやま》連峰を望むことができる。足もとの棚山《たなやま》に池が光り、黒部川扇状地と日本海が広がる。余裕があれば南峰987m《メートル》にも行ってみるとよい。往復約1時間である。

下山時は特に慎重に下りたい。

CHECK POINT

1 峠の駐車場にある案内板。ベンチとテーブルがある

2 擬木ではじまる登山道

3 木の根が階段状になっている登山道を行く

4 目安の標柱、一合目から九合目まで

5 最期の登り、九合目

6 負釣山山頂、八角形の方位盤

26 僧ヶ岳の一角にありながら毅然とそびえる山

鋲ヶ岳・烏帽子山

びょうがだけ 861m
えぼしやま 1274m

日帰り

歩行時間＝4時間55分
歩行距離＝8・5km

技術度
体力度

コース定数＝19
標高差＝554m
累積標高差 674m 674m

↑烏帽子山から駒ヶ岳、北駒、僧ヶ岳の展望（左から）

←山麓の東布施から左端が鋲ヶ岳、右が烏帽子山

鋲ヶ岳と烏帽子山は、僧《そう》ヶ岳《たけ》の北にのびる長大な烏帽子尾根の上にある。鋲ヶ岳は嘉例沢《かれいさわ》森林公園からちょっと登ったにしては、展望もよく、山の気分がしっかり味わえる。そして長い稜線を歩き続けてたどり着く烏帽子山は、まさに独立峰の風格がある。

鋲ヶ岳へは嘉例沢森林公園内のキャンプ場の遊歩道から登ることになる。

嘉例沢森林公園の広大な敷地内にはブナやナラなどの広葉樹がうっそうと茂り、遊歩道などもありバードウオッチングや森林浴にも最適。公園内のキャンプ場はトイレや炊事場が整備され、とても快適にキャンプすることができる。

公園キャンプ場から、何本ものコースが鋲ヶ岳に通じているがどれをとっても20～30分で頂上に達する。

キャンプ場入口の水場のそばに**登山口**の標識がある。はじめは杉林だがしだいにブナ、ミズナラの林となっていく。下草が刈られて

■**鉄道・バス**
公共交通機関は適さない。

■**マイカー**
国道8号の田家の交差点から布施川沿いに約8㌔さかのぼり、田籾川沿いに森林公園に行く道と、新川育成牧場から行く道の2通りある。嘉例沢森林公園手前と公園キャンプ場に駐車場がある。

■**登山適期**
6～11月。鋲ヶ岳だけなら4月から。烏帽子山は、5月中はまだ残雪が多い。雪がなくなる6月からが適期といえる。

■**アドバイス**
▽残雪期は烏帽子山前衛峰の平が一面の雪なので、特に注意が必要。下りに方向を見失わないように。
▽6月上旬の烏帽子山はカタクリが群生し、ギフチョウが舞う。タムシバ、オオカメノキ、ミツバツツジがいっせいに花をつけ、ユキザサ、チゴユリも可憐な花を咲かせる。
▽烏帽子山山頂からそのまま南に進むと僧ヶ岳の1280㍍の登山口に着く。わずかな起伏はあるが、時間（往復1時間）に余裕があれば行ってみるのもよい。その先、僧ヶ岳へ登る場合は次項を参照のこと。
▽入浴施設に金太郎温泉（☎0765・24・1220）がある。

■**問合せ先**
黒部市役所商工観光課（嘉例沢森林

いて、登山道は明るくとても歩きやすい。**稜線のコル**に出たら、まず左へ進む。10分ほどであずまやが見えると**鋲ヶ岳**の山頂である。

宇奈月温泉の上に白馬岳が見える。**コル**まで戻り、そのまま烏帽子山を目指す。よく手入れされた遊歩道で、途中にモリアオガエルが卵を産む天池、宇奈月《うなづき》温泉が見下ろせるのぞきがある。急坂にかかると、本格的な登山道になる。このあとはひたすら登り続けることになる。

傾斜が緩くなり、ブナの茂る平になると、広い平の奥の方が**烏帽子山前衛峰**である。夏道が全部出ている時は問題ないが、残雪時にはこの平で方向を間違えないように気をつけたい。

いったん下って登り返せば**烏帽子山**の山頂に立つ。朝日岳《あさひだけ》、雪倉《ゆきくら》岳《だけ》、白馬岳《しろうまだけ》、唐松岳《からまつだけ》などを望むことができ、振り返れば黒部《くろべ》川扇状地を一望することができる。

下山は往路を戻るが、登山道が終わって遊歩道になったところで、嘉例沢森林公園に向けて何本も遊歩道がついている。登りと違ったコースを歩いた方がおもしろい。

公園キャンプ場については農林整備課）☎0765・54・2111
■2万5000分ノ1地形図
宇奈月

CHECK POINT

鋲ヶ岳山頂、展望台のあずまや

宇奈月温泉街と白馬岳

鋲ヶ岳まで5分、天池まで5分

烏帽子山山頂

烏帽子山山頂から望む。北駒ヶ岳と駒ヶ岳が見える

北駒コースの途中から見る僧ヶ岳（左）、前僧ヶ岳（右）

27

僧ヶ岳

そうがたけ
1856m

信仰と雪形で知られる人気の山に登る

日帰り

歩行時間＝4時間
歩行距離＝7・5㎞

技術度
体力度

コース定数＝16	
標高差＝576m	
累積標高差	↗ 656m ↘ 656m

雪形が見えはじめたころの僧ヶ岳。埋没林館屋上から

魚津《うおづ》市の正面に大きな山容を誇っているのが僧《そう》ヶ岳《たけ》だ。その大きさから平野部のいたるところから目にすることができ、登山をしない人にも広く知られている。山名は5月中旬の雪形が「僧が尺八を吹き、馬を引く姿」に似ているところからきている。古くは「仏《ほとけ》ヶ岳《たけ》」とよばれ、「仏《ほとけ》ヶ平《だいら》」「御前《ごぜん》」などの地名からも山岳宗教に縁の深いことがわかる。

登山コースは、黒部《くろべ》市宇奈月《うなづき》町から宇奈月尾根を登るもの、同市嘉例沢《かれいさわ》から烏帽子《えぼし》尾根を登るもの、魚津市から東又《ひがしまた》コースを登るものの3本があり、それぞれよく登られている。近年、最も人気が高いのは、宇奈月から入って烏帽子尾根上部をたどる最短コースである。

宇奈月温泉から宇奈月スキー場を経て1043㍍地点の駐車場に着く。ここにはバイオ式のトイレと後立山《うしろたてやま》の展望図がある。さらに林道を進むと駐車できる広場があり、展望もよい林道別又《べつまた》僧ヶ岳線

■鉄道・バス
往路・復路＝富山地方鉄道宇奈月駅を利用する。

■マイカー
宇奈月温泉駅の手前から林道に入り、宇奈月温泉スキー場の上部に向かう。標高600㍍にある平和の像をすぎ、1043㍍の駐車場を経て1280㍍の広場まで。

■登山適期
6月～10月下旬。山開きは6月に行われるが、上部には雪が残る。ベストシーズンは7月下旬～9月。4～5月は林道の除雪がされていないので宇奈月尾根650㍍の登山口から、または、東又登山口713㍍から登ることになり、ピッケル、アイゼンは必携。

■アドバイス
▽宇奈月からの僧ヶ岳登山は林道の通行状況によって大幅に所要時間が違ってくる。下から、または1043㍍の第三登山口から歩くときはそれなりの時間が必要となる。
▽宇奈月尾根コース1043㍍の広場に駐車した場合、林道を200㍍ほど歩くと左手に鉄バシゴがあり、それを登ってコースが続く。
▽東又コースは、マイカーなら登山口に駐車場がある。5月中旬までは道路の通行状況を確認したい。魚津駅～東蔵間でバスを利用した場合、片貝山荘まで歩きとなり、前泊が必

の最高地点、1280㍍の**登山口**に着く。

烏帽子尾根上部はよく手入れされており、坦々とした登りで、いつのまにか**宇奈月尾根コースとの合流点**に着く。明るい稜線を10分ほど進むと、足もとに小さく「前《まえ》僧ヶ岳へ」の標識がある。右手へ登ると、あとは前僧ヶ岳へ直登の道となる。もし、見落としてそのまま進むと、小さな沢を横切って昔の鉱山道に入ってしまう。残雪のころには急傾斜の雪渓で苦労することになる。

前僧ヶ岳は「御前」ともよばれ、ニッコウキスゲの群落がある。すぐ先で**仏ヶ平**のお花畑に着く。冬の日本海から別又谷を吹き上げる風の通り道で、風衝草原になっている。7月はニッコウキスゲの黄色で埋まり、8月はシモツケソウのピンクで染まる。

お花畑で休んだら、山頂まではひとふんばり、**僧ヶ岳**山頂からは駒ヶ岳がよく見え、毛勝山《けかつやま》も指呼の間にそびえている。

下山は往路を戻る。

長距離移動する蝶 アサギマダラ

油性ペンで羽に記号・番号を記入したアサギマダラ

僧ヶ岳・駒ヶ岳の登山口1280㍍地点は、〝旅する蝶 アサギマダラ〟の移動ルートにあたる。9月の晴れた日、湧くように群れ飛ぶ。この小さな蝶が、福井県、山口県、沖縄県などで再捕獲されている。海を越えて旅する不思議な蝶、アサギマダラに出会えるのも、僧ヶ岳のもうひとつの魅力だ。

CHECK POINT

1

よく手入れされ、歩きやすい登山道

2

宇奈月尾根コースとの合流点

3

前僧ヶ岳

4

前僧ヶ岳から僧ヶ岳を望む

5

仏ヶ平は風衝草原

6

僧ヶ岳山頂

要となる。片貝山荘利用時は、魚津市教育委員会に連絡のこと。使用料は無料。

■問合せ先
黒部市役所農林整備課☎0765・54・2604、魚津市生涯学習・スポーツ課☎0765・23・1046

■2万5000分ノ1地形図
宇奈月・毛勝山

＊コース図は97㌻を参照。

28 駒ヶ岳

数ある駒ヶ岳の中で最後に登山者を迎えた山

こまがたけ
2003m

日帰り

歩行時間＝7時間20分
歩行距離＝12・0km

技術度
体力度

コース定数＝28
標高差＝723m
累積標高差 ↗1061m ↘1061m

僧ヶ岳から北駒ヶ岳、駒ヶ岳

全国に駒ヶ岳があり、持ち回りで駒ヶ岳サミットが開催されている。山名の由来は北駒ヶ岳の北面に現れる馬の雪形による。その雪形を確認できるのは入善《にゅうぜん》町あたりである。全国に数ある駒ヶ岳の中で、ここは登山道のない最後の駒ヶ岳だった。2001年夏に多くのボランティアの協力で、僧ヶ岳から駒ヶ岳までの稜線に登山道が開通し、今では多くの登山者が訪れている。僧ヶ岳までは前項（27僧ヶ岳）を参照のこと。

僧ヶ岳山頂から東へ派生する尾根を下っていく。腐葉土のクッションが心地よい道で、ほぼ忠実に尾根をたどる。視界は広く、右手に毛勝山《けかつやま》があり、進むにつれて剱《つるぎ》岳《だけ》の黒い山容が大きく見えるようになる。

北駒山頂直下に「駒」のに雪形が現れるころ

■鉄道・バス
往路・復路＝「27僧ヶ岳」を参照。
■マイカー
27僧ヶ岳（94ページ）を参照。
■登山適期
7～10月。駒ヶ岳の雪解けは遅い。アプローチの宇奈月林道の通行状況は確認したい。
■アドバイス
▽僧ヶ岳から駒ヶ岳への稜線は、トリカブト、マツムシソウ、オヤマリンドウなどが美しく咲く。
▽前僧ヶ岳の東側、かつての鉱山道脇に湧水がある。
■問合せ先
黒部市役所農林整備課☎0765・54・2604
■2万5000分ノ1地形図
宇奈月・毛勝山

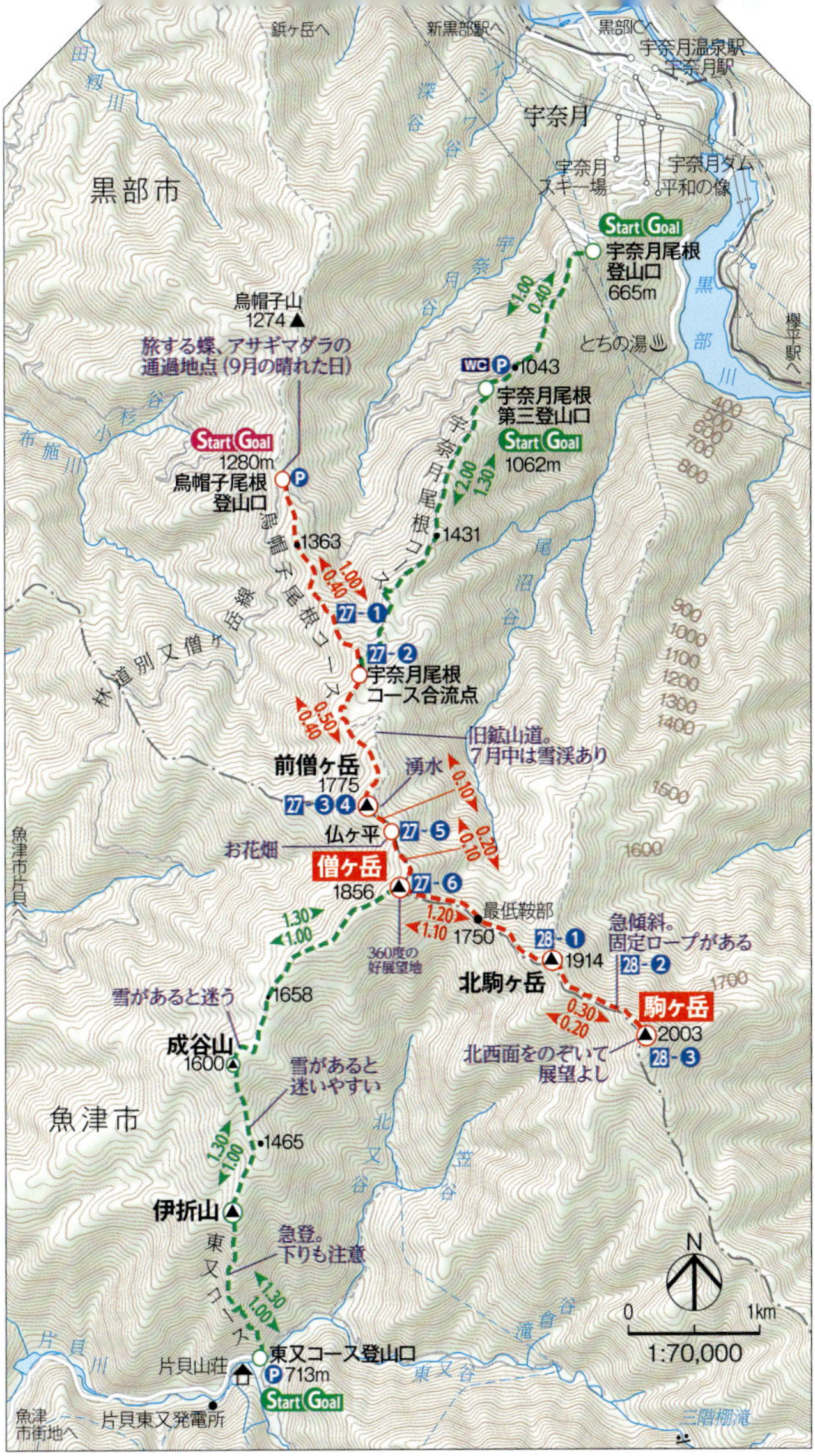

1750メートルで最低鞍部となり、そこからしだいに登りとなって、

やがて**北駒ヶ岳**に着く。ここからちょっと下った先で、尾根の右側にロープが張られたところを横切る。ここを終えると山頂は近い。

駒ヶ岳山頂は東側と南側が刈りはらわれ、眺望のよい休憩地となっている。鹿島槍《かしまやり》ヶ岳《たけ》以北の後立《うしろたて》山《やま》連峰の峰々が全部見わたせる。

帰路は往路を戻る。

CHECK POINT

1 北駒ヶ岳まで登れば山頂は近い

2 このコース上最も緊張するところ。慎重に通過しよう

3 駒ヶ岳山頂は展望もよい。りっぱな山頂標識がある

29

静かなブナ林を行くが、初心者は道迷いに要注意

大平山

おおだいらやま
1090m（1085m／三角点）

日帰り

歩行時間＝1時間40分
歩行距離＝2.5km

技術度

体力度

コース定数＝7	
標高差＝340m	
累積標高差	↗316m ↘316m

平沢池ノ原林道から見る大平山。左奥は毛勝山

猫又山《ねこまたやま》からのびる東芦見《ひがしあしみ》尾根は大きく弧を描くようにして早月《はやつき》川と片貝《かたかい》川の分水嶺をなしている。どこまで東芦見尾根というかはさだかではないが、その末端部に大平山がある。近年、流域のネットワーク事業ということで、平沢池《ひらさわいけ》ノ原《はら》林道が開通した。アプローチは、魚津《うおづ》駅から島尻《しまじり》方面に進み、最終集落の東蔵《とうぞう》をすぎて、片貝川本流にかかる橋を渡って右折、平沢池ノ原林道に入る。沌《どん》滝を経て約9キロ、林道の最高地点が**登山道入口**である。以前の登り口は、伐採作業が行われており、新しく付け替えられている。

灌木とササのトンネルをくぐりながら進むが、登山道はしっかり踏まれているので道を失う心配はない。ユキツバキなどを見ながら、しばらくは赤土のすべりやすいところを登るが、やがて緩やかなブナ林となる。新緑のころはブナの新芽がさわやかで、秋の紅葉もまた美しい。

かつては薪炭林として活用されていた林で、ところどころに窯跡とみられる窪地がある。登山道は、往時にそのころに使われていた道跡がうっすら残っていたものを修復、復活させたものだ。

頂上近くになると、やや急坂となる。**大平山**山頂はその名のごとく大きな平らで、杉が10本ほど生

■鉄道・バス
往路・復路＝公共交通機関は適さない。

■マイカー
魚津駅から島尻方面に進み、最終集落の東蔵をすぎ、片貝川本流にかかる橋を渡って右折、平沢池ノ原林道に入る。県選定「富山の滝37選」のひとつ沌滝を経て、約9キロで標高750メートルの峠になる。

■登山適期
ゴールデンウィークのころはまだ残雪がある。残雪と登山道のつなぎが難しいので、雪が解ける5月下旬以降が一般的。

■アドバイス
▽クマ対策は必須。
▽山名の通り、ゆったりとした山なので、残雪のころはカンジキや山スキーに快適である。ただ、この山容は、下山時に方向を見誤る可能性も大きい。平沢池ノ原林道は緩やかだが長いので、クロカンスキーなどによいが、入口付近の岩壁は雪崩の多発地なので、注意が必要。
▽帰途は、林道を片貝方向や坪野方向へ戻ることもできる。
▽標高2400メートル級の山岳地帯が平野部にごく近い距離に迫る魚津市は、水の循環システムがひとつのまちで完結し、その循環をひと目で見わたせる世界的にもまれな地形をしている。この特性を「魚津の水循環」

片貝川支流の沌滝川にある沌滝。数段の合計落差約30メートル

えている場所が最高地点である。僧《そう》ヶ岳《たけ》や駒《こま》ヶ岳《たけ》が望まれ、ひときわ大きな大明神山《だいみょうじんやま》の左側に毛勝山《けかつやま》の姿が見える。三角点は右側へたどって小さな溝を渡った、ちょっとしたふくらみの上にある。そこへも刈り開きがされている。

帰路は往路を戻るが、あまりに軽く登れてしまって物足りない人のために、大平山から濁谷山《にごりたにやま》に通じる道が新しく開かれている。山頂からゆったりとした起伏の頂上台地を南側へ進む。台地が終わって尾根が細くなり、最低鞍部へ下る。その先のピークを越えると、道は尾根から少しそれて西側寄りとなる。やがて砦跡に着く。所要時間は大平山山頂から砦跡まで約1時間である。さらに登れば、濁谷山に着くので、2つのピークを踏むことも可能である。

とよんでいるが、沌滝は「魚津市水循環遺産」のひとつで、トチの原生林の中にある。

■問合せ先
魚津市生涯学習・スポーツ課☎0765・23・1046
■2万5000分ノ1地形図
越中大浦・毛勝山

CHECK POINT

1 大平山登山口。やぶで入口がわかりにくい

2 灌木とササのトンネルを行く。踏跡は明確

3 ササに覆われているところが多い

4 途中、ところどころで市街地を望むことができる

5 どこが頂上かわかりかねるほど広い大平山山頂

6 沌滝への登り口

30

小早月川に濁り水を注いだ1等三角点の山

濁谷山

にごりたにやま　1238m

日帰り

歩行時間＝2時間50分
歩行距離＝3・1km

技術度 ●●○○○
体力度 ●○○○○

コース定数＝10
標高差＝378m
累積標高差 ↗405m ↘405m

林道ふるさと広場から濁谷山(中央右)を望む

濁谷山は早月川《はやつき》と片貝川《かたがい》の分水嶺上にあり、県内では数少ない1等三角点の山である。山名は濁谷が大雨のたびに濁った水を早月川本流に流しこんだことからきているという。昭和43年から平成8年の29年間に52億円の巨費を投じて行われた治山事業により、今はあまり濁ることもなくなった。

砦跡付近から見た濁谷山

早月川支流の小《こ》早月川へ蓑輪《みのわ》堰堤手前の虎谷口《とらたにぐち》トンネルから入る。この流域唯一の集落が虎谷。加賀藩のドル箱のひとつといわれた虎谷金山で栄えた地だ。最盛期には500戸もあったというが、今は数戸が暮らしているのみ。

頂上からは南側に剱岳を見る

集落の先3・3キロで林道が分岐する。坪野《つぼの》方面への分岐点に治山事業の完工記念碑がある。

■鉄道・バス
往路・復路＝公共交通機関はない。マイカー利用に限る。

■マイカー
北陸自動車道滑川ICから新川広域農道に入り大榎で山側へ。蓑輪堰堤から虎谷集落を経て林道坪野虎谷線を進む。造林作業道の終点には車を停められる空き地あり。トイレなし。

■登山適期
5～11月。なお、中途半端な残雪期は迷いやすいが、しっかり雪に覆われている時は、それなりの雪上経験があれば快適に歩ける。ことに山頂が一面の雪の時はさえぎる雑木がまったくなく、みごとな展望が広がる。

■アドバイス
▽クマの棲む山である。山頂標柱などは何度もクマにかじられている。単独行は要注意。
▽蓑輪堰堤左岸にある「みのわ温泉」(☎076・474・1770、火曜休)がおすすめ。

■問合せ先
登山情報の問合せ先はない。

■2万5000分ノ1地形図
越中大浦・毛勝山

林道はこの先しばらく悪路が続き、2・1キロで造林作業路に入る。作業路入口脇に駐車して歩いてもいいし、作業路の終点まで車を入れることもできる。

登山道入口は、赤いテープが目印。杉林を登るとまもなく広葉樹林帯となる。視界のない林の中をつめていくと、やがて小さな下りがあって大《おお》平山《だいらやま》からの縦走路と出合う。分岐点に新しい標識あり。これまで何度もクマにかじられたので、今は幅10センチの四角い木柱を有刺鉄線でぐるぐる巻きにしてある。

分岐点標識から少しの登りで稜線に出る。少し広くなったところが砦跡。僧《そう》ヶ岳《たけ》から毛《け》勝山《かつやま》が視界に広がる。杉の古木が点在する稜線を登れば山頂となる。

濁谷山山頂は南北に細長く、1等三角点の標石がある。南側に大《おお》倉山《くらやま》が大きく見え、続いて剱岳《つるぎだけ》、毛勝三山などが望まれる。毛勝山の左には白馬岳《しろうまだけ》も山頂部をのぞかせている。なにしろ1等三角点の山である。

魚津市街地や海も実によく見える。

復路は来た道を戻る。

CHECK POINT

1 坪野虎谷林道の分岐点にある完工記念碑。道はここまで舗装道路。この先は部分的に悪路となる

2 坪野への林道から鋭角に右折して造林作業路に入る。県営林の看板が目印となる

3 造林作業路の終点。やや広い空き地になっていて車は10台ほど停められる。登山口はすぐ先

4 大平山との分岐点にある標柱。何度立ててもクマにかじられるので、平成28年に有刺鉄線を巻いた

5 頂上への稜線には杉の古木が点在する。不思議な形をしており、動物が入れそうな洞があったりする

6 山頂には1等三角点の標石あり。木の標柱はクマにかじられてなくなり、インスタントのものだけがある

31 大倉山

笠とよばれた早月川河畔にある孤高の山

おおくらやま　1443m

日帰り

歩行時間＝5時間
歩行距離＝7.0km

技術度
体力度

コース定数＝20
標高差＝823m
累積標高差　869m　869m

千石城山林道から大倉山（中央奥）を見る

早月《はやつき》川と片貝《かたかい》川の分水嶺は、猫《ねこ》又山《またやま》から派生する長い東芦見《ひがしあしみ》尾根である。大倉山はその中間部にある。富山市街から見ると、毛勝《けかつ》三山中央の釜谷山《かまたにやま》の前面にあり、判別のつきにくい山である。しかし、上市《かみいち》駅前あたりでは、稜線の形がはっきりし、さらに折戸《おりと》のあたりまで近づくと、編笠のように見えることから、地元では「笠《かさ》ヶ岳《たけ》」とか「笠《かさ》」ともよばれている。

大倉山山頂から富山市街を俯瞰する。手前中央は白倉山

取付の広場に、大倉山周辺の案内図を描いた看板が立っている。**登山口**はその先、左手の草むらの中にある。道は最初から急な尾根を直登する。やがて足もとに、白い御影石に刻まれた800㍍の標識がある。このあとも200㍍ごとに同じものが立っている。およその目安になるので便利だ。

800㍍標識からさらに急登を続けると、登山道の真ん中に杉が2本立っている。標高850㍍の**二本杉**で小さな棚のようになって

■鉄道・バス
公共交通機関は適さない。

■マイカー
上市町から県道上市北馬場線で馬場島に向かう。早月川にかかる剱橋を渡った先に「いわな・山菜料理はやつき」の看板が見えたら手前で左の林道に入る。林道は桑首谷に沿ってさかのぼる。途中で山腹を横切る林道（坪野・蓬沢線）があるが、それを横切りほぼ正面にのびる細い道を進む。道は悪路のため、車は交通のじゃまにならない手前に停めておくのが無難。

■登山適期
5月中旬〜10月末。残雪期は登山道にこだわらずバリエーションがとれるが経験者向き。

■アドバイス
▽クマ対策は必須。
▽山頂台地は5月中旬まで、広々とした雪原になっている。毛勝三山の眺望がすばらしいが、残雪がなくなると刈り開かれた部分以外はやぶになる。
▽下山時は1000㍍地点からの急傾斜で、転倒すると転落の危険がある。くれぐれも注意したい。
▽「はやつき」（☎076・472・6853）は山菜料理とイワナ料理の店。イワナの販売も行っている。
▽入浴施設はアルプスの湯（☎076・473・9333）、みのわ温泉

いて視界もあり、登山口から第1回目の休憩地としてよい。

同じような登りで稜線に出ると1000㍍の標識がある。ここからは斜度の緩い尾根歩きとなる。樹木のまばらな地点からはときどき頂上が見える。やがて、**1200**㍍のちょっとした鞍部に出る。

ここからは山頂への最後の急坂で、足もとはすべりやすい。傾斜が緩くなるとそこは山頂台地の一角である。

大倉山山頂には「大倉山1443㍍」と記された石の標識と石の小さな祠、3等三角点がある。石碑には地元での別名にちなんで、「笠」という文字も記されている。

山頂台地は広く、東の端に行くと毛勝三山がよく見える。剱岳《つるぎだけ》を望む場所も刈り開かれている。

（☎076・474・1770）がある。

■問合せ先
上市町役場産業課☎076・472・1111

■2万5000分ノ1地形図
毛勝山・越中大浦

CHECK POINT

大倉山周辺案内看板のすぐ先が登山口

草むらの中に登山口。ここから山道に入る

御影石に刻まれた標識、目安となるので励みになる

急登では足もとには充分気をつけたい

標高1200㍍地点。。ここから山頂への最後の急登となる

山頂の石碑、祠と3等三角点

↑馬場島へ向かう車道から大熊山山頂を見る

←山頂より大日岳方面を望む

32

たくさんの立山杉の巨木を堪能して、山頂からの展望を楽しむ

大熊山

おおくまやま
1629m

日帰り

歩行時間＝6時間40分
歩行距離＝8・1km

技術度 ■■□□□
体力度 ■■□□□

コース定数	＝**27**
標高差	＝964m
累積標高差	↗1145m ↘1145m

大熊山は早乙女岳《さおとめだけ》から北西にのびる尾根のピークで、3等三角点のある山である。2010年に地元の有志によって道が開かれるまでは主に残雪を使った春山登山に限られていた。今でもコット谷経由や大熊谷経由で、雪山や山スキーを楽しむ人に人気がある。ここでは小曽《こそ》谷右岸の尾根につけられた登山道を歩いてみよう。登山道の入口は小又《おまた》川にかかる橋の手前で右側にのびる林道を進む。しばらく行くと**ゲート**が閉ざされており、車はゲート手前に置くことができる。

林道を1・5キロほど歩くと道は大きく左にカーブしている。ちょうどカーブするところからまっすぐにのびる道がある。道幅は広いが、草が茂っているとわかりづらい。さらに

■鉄道・バス
往路・復路＝富山地方鉄道の上市駅からタクシーを利用する。

■マイカー
上市から県道46号を東に進み、折戸峠を経て早月川沿いの県道333号を馬場島方向に向かう。小又川の橋の手前で右側の林道に入る。滑川からは県道67号を早月川沿いに向かうこともできる。

■登山適期
6月上旬～11月初旬。6月中は稜線上に雪が残ることがある。また、11月に入ると雪を見ることもある。それなりの準備が必要となる。

■アドバイス
▽夏場は登山道の入口が草で覆われるため、わかりにくい時がある。
▽登山道上に水場はない。真夏は充分に水分をもっていこう。
▽残雪時は道に迷いやすくなる。
▽春山登山でコット谷に周遊することもできるが、上級者向き。

■問合せ先
馬場島荘☎076・472・3080

■2万5000分ノ1地形図
剱岳

150メートルほど歩くと**尾根に取り付く**登山道の入口がある。

登りはじめると1250メートルまでは幅の狭い急登が続く。歩きにくい場所や危険箇所には固定ロープが設置されている。立山杉の巨木が多数見られ、楽しませてくれる。途中、雷で焦げた巨木があり、自然の力に圧倒させられる。

登山道は**1264メートルピーク**の西側を巻くようにつけられている。道は緩やかな登りで、広葉樹林。1500メートル付近では視界が開け、池塘のある平坦地に出る。とてもきれいな場所で夏にはチングルマが咲き誇る。道は踏跡のみなので、これをはずさないよう、気をつけたい。

しばらく行くと刈り開かれた山頂に出る。**大熊山**山頂からの眺望はすばらしい。北側に毛勝《けかつ》三山、東側に剱岳《つるぎだけ》、南東側に大日《だいにち》連山を望むことができる。

下山は往路を引き返す。6月上旬まで尾根に雪が残ることがある。下山時は特にルート維持に注意が必要。1250メートルからの下りは急な下りになるので、慌てずに下ろう。濡れていると木の根がすべる。

CHECK POINT

林道のゲート。ここの広場に駐車して出発する

固定ロープのかかる急登

巨木の間をくぐる細い尾根が1500メートル地点まで続く

ひときわ大きな立山杉。ルート上最大のみごとな大木だ

1462メートル付近の開けたところ。チングルマが咲く草原

大熊山山頂。開けていて、毛勝三山や剱岳、大日連山を望むことができる

33

剱岳の展望台へ気軽に登るハイキングコース

城山（千石城山）

じょうやま（せんごくじょうやま）758m

日帰り

歩行時間＝1時間55分
歩行距離＝5・0km

技術度　体力度

コース定数	＝8
標高差	＝292m
累積標高差	↗333m　↘333m

第一登山口から目指す千石城山を見る

千石城山から正面に大倉山を望む。左奥に猫又山も顔を出している

「城山（しろやま・じょうやま）」とよばれる山は、全国に数多くある。いずれもその昔、山城や砦であった山だ。富山県にも朝日《あさひ》町の城山、呉羽山《くれはやま》の城山など数多い。紹介する城山は、上市《かみいち》川第二ダムの湖底になった千石集落の背後にあり、地元では「千石城山」とよんでいる。

上市川第二ダムはロックフィル式で、ダムの上が車道になっている。ダムサイトを500㍍ほど進んだところに、森林総合センターがある。このあたりから見るダム湖（早乙女《さおとめ》湖）は美しい。

城山へは、展望櫓のある地点からその50㍍先の杉林の中に登山口（**第一登山口**）がある。最初から擬似木の階段である。この長く続く階段は送電線の鉄塔と鉄塔

■**鉄道・バス**

往路・復路＝利用できる公共交通機関はない。

■**マイカー**

マイカーの利用をすすめる。上市川沿いの道を進み、極楽寺の先で右折して種への道に入り、上市川第二ダムへ下る。ダム堤の上を渡り「ふるさと剱親自然公園」の看板を左手に進む。アジサイ園や薬草園を通りすぎ、その先の道で右折する。やがて右手に展望櫓のある地点に出る。

■**登山適期**

新緑の4月上旬から紅葉の11月下旬。剱岳に新雪が降ったあとの秋晴れの日は格別。

■**アドバイス**

▽クマ対策は必須。

▽早乙女湖を見下ろす、ふるさと剱親自然公園にはパークゴルフ、バーベキュー、オートキャンプなどさまざまな施設がある。

▽早乙女湖脇の千石神社に立ち寄ってみたい。隕鉄落下ゆかりの地として記念碑がある。白萩隕鉄は、1890年代に2個見つかった。白萩1号は千石川の上流で見つかり、重さ22㌔。現在、国立科学博物館に所蔵されている。2号は早乙女岳の近くで見つかっており、一部が富山市科学博物館で一般公開されている。

▽雪山経験を積んだ人なら、冬はカンジキで登ることができる。

を結ぶようにのびている。尾根に出たところにベンチのある**展望台**がある。正面に大倉山《おおくらやま》が見え、その右上に毛勝《けかつ》三山が連なるように望まれる。

この先は尾根をたどる。尾根の途中にも広く刈り開かれた場所があり、ベンチが置かれている。尾根を左に回りこむようになると、じきに山頂である。

城山山頂は広く、剱岳《つるぎだけ》西面の端正な姿が真正面に見える。両脇に広がる山々をしたがえた剱岳は、盟主の貫禄充分である。

帰路は林道を歩いてみよう。ベンチのある**展望台**まで戻り、りっぱな登山道が右の斜面へ下るのを横目に、ベンチの奥にある踏跡を探す。入口を見つけたらそのまま尾根通しの道を進む。すぐに切り通しの峠（第二登山口）に出る。峠から見晴らしのよい林道を、2・5キロ歩いて出発点の**第一登山口**に戻る。

車で峠まで登って、第二登山口から時間を短縮して頂上に立つことができる。さらに短縮したい場合、第三登山口から山頂まで約20分。

CHECK POINT

城山、第一登山口。ここから稜線を目指して登っていく

杉林の中、延々と続く疑似木の階段。北陸電力の巡視路で、よく整備されている

休憩ベンチのある山頂。剱岳が迫力ある姿を見せている

第二登山口の峠。ここからなら30分前後で山頂に立てる

▽入浴施設はアルプスの湯（☎076・473・9333）がある。

■問合せ先
上市町役場産業課☎076・472・1111、ふるさと剱親自然公園管理事務所☎076・472・0123

■2万5000分ノ1地形図
大岩・越中大浦

34 高低差の少ない穏やかな稜線歩き

高峰山

たかみねやま 958m

日帰り

Ⓐ西種コース 歩行時間＝1時間50分 歩行距離＝2・3km 技術度●○○○○ 体力度●○○○○

Ⓑ鳥越峠コース 歩行時間＝1時間10分 歩行距離＝1・5km 技術度●○○○○ 体力度●○○○○

コース定数＝Ⓐ7 Ⓑ4

標高差＝Ⓐ258m Ⓑ95m

累積標高差 Ⓐ↗318m ↘318m Ⓑ↗167m ↘167m

高峰山は、新緑の春と紅葉の秋によく登られている。大日岳《だいにちだけ》、早《さ》乙女岳《おとめだけ》と連ねた稜線が、大辻山《おおつじやま》で2つに分かれ、西に来拝山《らいはいやま》、北に高峰山となる。来拝山に比べれば高い峰、高峰であるが、山容は穏やかで登りやすい。

2本あるコースを紹介しよう。

千石城山の林道から眺める高峰山

山頂から剱岳、毛勝三山方面の展望

Ⓐ西種コース

登山口へ向かう西種の集落の中は、道幅も狭く、急斜面なので、運転には充分気をつけること。骨《こつ》原《はら》集落をすぎてからは、大きくみごとな杉林の林道を行く。途中、釜《かま》池への道を右に分ける。

登山口からの歩きはじめは杉林だが、じきに稜線に出る。稜線は、きれいな登山道で歩きやすい。少し離れて遭難碑が二基建っている。昭和35年3月、天候の急変により吹雪で高校生二人が凍死した。細い尾根なので、木の間から時々両側の山が見える。道はほとんど平坦で、背の低いブナの間の稜線歩きである。

最後の10メートルほどが急斜面で、木の根につかまって登る。登りきったところが、三角点のある広い**高**

■**鉄道・バス**
往路・復路＝利用できる公共交通機関はない。

■**マイカー**
西種登山口＝上市町から上市川第二ダムの方向に進み、種の盆地に入る。骨原集落の入口で右に進み、林道に入る。西種から5・3キロで林道が2分しているが、高峰山へは右手に入る。分岐点から1キロあまりで、高峰山登山口。

鳥越峠登山口＝国立立山青少年自然の家から林道大辻線を鳥越峠まで。

■**登山適期**
5～11月。新緑の春と紅葉の秋は格別。

■**アドバイス**
▽積雪期にスキーやカンジキで登られている。林道が雪で埋まるので西種からの往復となる。

▽下山後、釜池に足をのばそう。林道の分岐点に標識がある。林の中の歩きやすい道で、往復30分。静かで大きな池を見ることができる。

▽入浴施設にアルプスの湯（☎076・473・9333）がある。

■**問合せ先**
上市町役場産業課☎076・472・1111

■**2万5000分ノ1地形図**
大岩

峰山山頂だ。まわりはよく刈られており、眺望はよい。毛勝《けかつ》三山、剱岳《つるぎだけ》、大日岳《だいにちだけ》などが見える。

下山は往路を戻ろう。

Ⓑ鳥越峠コース

もうひとつは林道大辻線の**鳥越峠登山口**から登る。向かい合って大辻山登山口がある。わずか10メートルほどの急登の尾根が登りはじめ。手入れのされた緩やかな尾根を登り、**高峰山**山頂を往復する。鳥越峠コースは西種コースより手ごろでファミリーで楽しむことができる。

CHECK POINT — Ⓐ西種コース

1 西種コース高峰山登山口

2 木々の間から山がよく見える

3 高峰山山頂

4 山頂直下の急傾斜

CHECK POINT Ⓑ鳥越峠コース

1 鳥越峠登山口

2 登りはじめの尾根

3 山頂は3本の杉のみ、広く刈り開かれた三角点のある山頂広場

35

眺望抜群の茗荷谷山城の城跡

城ヶ平山・ハゲ山

じょうがたいらやま 447m
はげやま 465m

日帰り

歩行時間＝3時間40分
歩行距離＝7.5km

技術度

体力度

コース定数＝17

標高差＝330m

累積標高差 695m 695m

ハゲ山から隣接する城ヶ平山を見る

別名「茗荷谷山《みょうがだにやま》」ともいう。南北に細長く、広々とした平坦な城ヶ平山山頂は、東側と西側が切り立ち、かつて、敵の侵入を防ぐ詰城として大きな役割を果たしていた茗荷谷山城があったとされる。

東麓の西種公民館前からハゲ山(右)と袖山(左)を見上げる

登山口は摩崖仏で有名な大岩山《おおいわさん》日石寺《にっせきじ》の麓にある大岩登山口と、映画「おおかみこどもの雨と雪」のモデルとなった古民家「花の家」のそばにある浅生《あそ》登山口の2箇所。ここでは大岩からのコースを紹介する。

大岩川を渡った左手に親水公園の駐車場が整備されている。大岩バス停のロータリー場に公衆トイレがあり、その横の小さな橋、金龍橋を渡ったところが**登山口**である。15分ほど歩くと第一の休憩ベンチ、さらに5分ほどで水場のある**上ノ平**。いたるところに案内板があり、迷うところはない。ここは今でも畑や小屋がある上ノ平の集落跡地である。

うっそうとした杉林を行くと丸太のベンチにたどりつく。急な階段やアップダウンがあるが、よく整備されている。登山道の右手に、高さ1㍍くらいの洞があるのは、昔の炭焼窯の跡だ。少し下ると4つ目のベンチがある。左手が刈り開けられており見晴らしがよい。

■鉄道・バス 往路・復路＝富山地方鉄道上市駅から町営バス「柿沢・大岩行き」約30分。タクシー約10分。

■マイカー スーパー農道を大岩日石寺の案内にしたがって進む。親水公園に駐車場がある。

■登山適期 4～11月。春の新緑から秋の紅葉まで。残雪期にはカンジキやスノーシューハイクも楽しい。

■アドバイス ▽百滝渓とも称される渓谷、千巌渓は風情あふれる数々の岩が自然に配置されている。
▽大岩日石寺には大岩に刻まれた摩崖仏があり、国指定の重要文化財になっている。1月の大寒の滝行は毎年、ニュースになる。山菜料理、ソーメンを求めて多くの観光客が訪れる。ピーク時の週末には駐車場から車があふれている。
▽入浴施設にアルプスの湯（☎076・473・9333）がある。

■問合せ先 上市町役場産業課☎076・472・1111、大岩山日石寺☎076・472・2301

■2万5000分ノ1地形図 大岩・越中大浦

最後の急斜面を登りきって山頂に出る。

城ヶ平山山頂はかつての城跡で、平らな頂は広々と360度ぐるりの眺望が広がっている。毛勝《けかつ》山《やま》、剱岳《つるぎだけ》、大日岳《だいにちだけ》、一方、海側は富山平野と能登《のと》半島が一望できる。

360度のパノラマを楽しんだら、尾根をそのまま進んでハゲ山へ向かう。下りの浅生《あそう》ルートの**分岐点**をすぎ、峠山《とうげのやま》を経て、**西種・ハゲ山の分岐**をすぎるとしばらくで**ハゲ山**の頂上。すぐ近くに東種《ひがしたね》や骨原《こつはら》の田んぼが見え、高峰山《たかみねやま》、大日岳、剱岳、毛勝三山などを一望できる。まさに絶景である。

下りは浅生への**分岐点**まで戻り、杉林を抜け、田んぼ道を通り、**浅生登山口**にいたる。

スタート地点に戻る際、映画「おおかみこどもの雨と雪」のモデルとなった古民家「花の家」へ立ち寄り、映画からそのまま抜け出してきたような、懐かしい空間で休憩するのもよい。あとは舗装道路を川沿いに下る。千巌渓《せんがんけい》にも立ち寄り、**大岩口**に戻る。

CHECK POINT

大岩登山口、金龍橋を渡って田んぼの脇をしばらく歩くと登山道になる

岩場や階段、アップダウンがあるが、道はよく整備されている。ここをすぎると山頂に着く

ハゲ山・浅生への分岐点。ここからハゲ山方向へ向かう

アカマツなどが生えている明るい登山道を行く

ハゲ山山頂。こちらも毛勝三山から大日岳まで広い眺望は申し分ない

浅生登山口。古民家「花の家」に立ち寄って、千巌渓をすぎれば、すぐに大岩登山口だ

36

塔倉山

気軽に登れる展望のよい静かな山

日帰り

とうのくらやま
727m（730m／東峰）

Ⓐ目桑コース　歩行時間＝2時間　歩行距離＝2.8km　技術度　体力度
Ⓑ長倉コース　歩行時間＝2時間20分　歩行距離＝3.1km　技術度　体力度

↑大辻林道から双耳峰の塔倉山展望

←塔倉山頂上と鳥瞰図

人里に近い低い山は、登山道入口を見つけるのがひと仕事である。麓の集落をうろうろしたりすることがある。塔倉山もその例外ではない。

Ⓐ目桑《めっか》コース

目桑コースの登山口にはりっぱな標柱が立っている。はじめは工事用の荒削りな道を、砂防堰堤を目指して登る。堰堤の上に出ると大きなサワグルミが5本、目立つように生えている。堰堤の右側に登山道がある。夏草が茂るとわかりにくくなるが、基本的には赤土の斜面に幅1㍍でつけられた林業用作業路である。

20分で谷を抜け、小尾根になる。とても見晴らしのよい尾根で、気持ちよく歩ける。この登山道上の樹木にはネームプレートがかかっている。**長倉コースとの合流点**からは、広葉樹の尾根に道が開かれていて、軽く登って**塔倉山**山頂に着く。

頂上は大展望台である。山頂に見える山並みの鳥瞰図があり、鍋《なべ》冠《かんむりやま》山、高峰山《たかみねやま》、鳥越《とりごえ》峠、大辻山《おおつじやま》、来拝山《らいはいさん》から、毛勝《けかつ》三山、剱岳《つるぎだけ》、大《だい》

コース定数＝Ⓐ8 Ⓑ9

標高差＝Ⓐ235m Ⓑ300m

累積標高差 Ⓐ↗321m ↘321m　Ⓑ↗340m ↘340m

■鉄道・バス

往路・復路＝利用できる公共交通機関はない。

■マイカー

目桑コースは富山中部広域農道（通称スーパー農道）から、白岩川ダムが第一目標となる。ロックフィル式ダムの右岸沿いの道を進む。目桑の集落に入って、目桑公民館をすぎたところで、分岐点に「塔倉山登山口目桑コース」の標識がある。ここで、左へ鋭角に曲がる。白炭窯の里をすぎ、サイドラインつきの舗装された林道を道なりに進む。前方に柱状節理の岩壁が見えてきたら、その手前の、砂防堰堤のある谷が登山口の入口。石の標柱がある。

長倉コースは白岩川ダムからさらに県道を進み「塔倉山長倉コース登山口」の案内板の分岐点から長倉林道を進み、長倉集落跡に出る。神社をすぎると右手に駐車場。

■登山適期

4〜11月。4〜5月の萌黄のころ、10〜11月の紅葉のころがおすすめ。

■アドバイス

▽目桑コースと長倉コースをつないで下山する場合、下山口に車の回送が必要となる。

▽岩室ノ滝は虫谷川にできた滝。高さ40㍍の集塊岩の岩壁を壺状に浸食してできた滝で、夏でもひんやりと涼しく、幽玄の気が漂う。落差24㍍

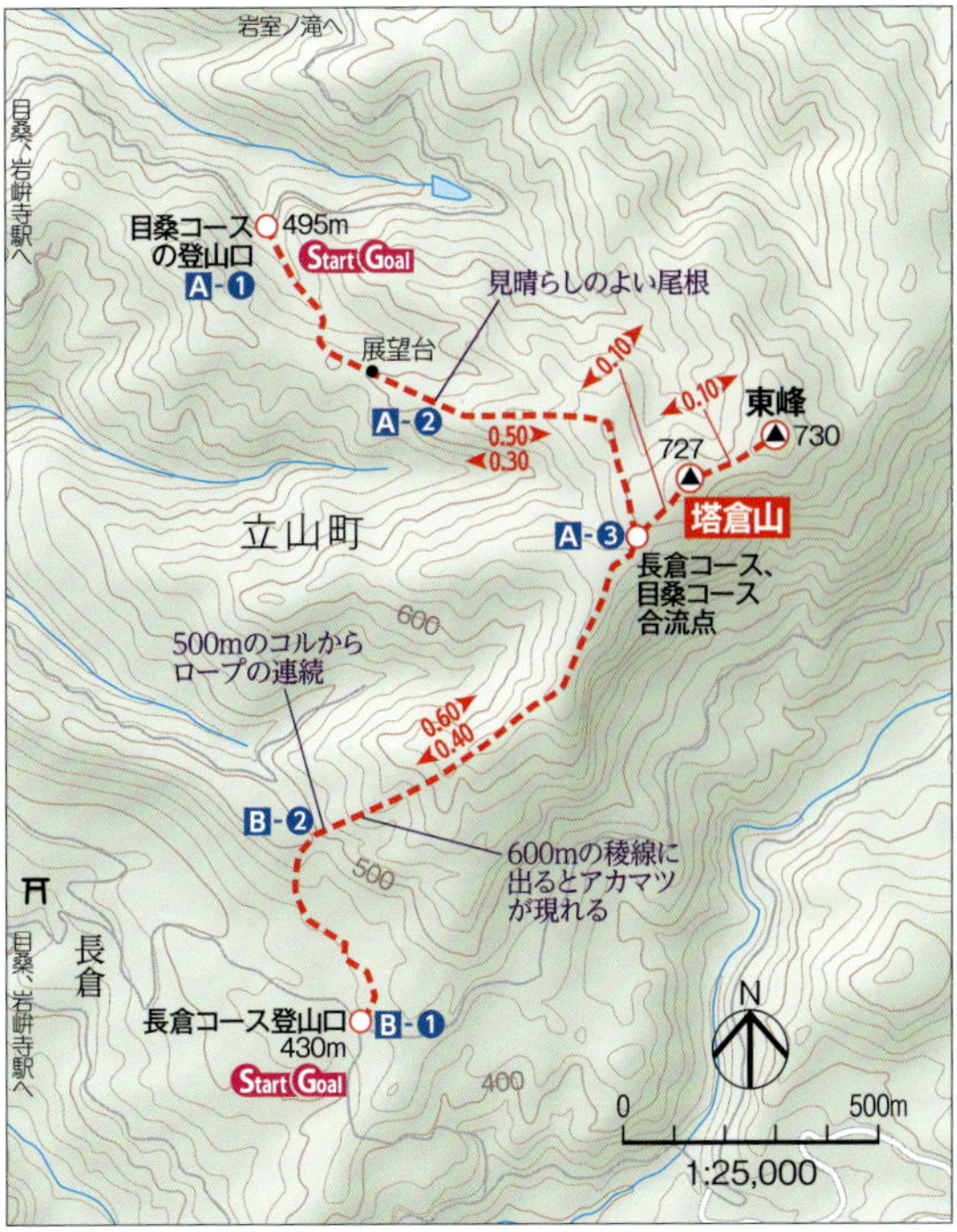

日岳《にちだけ》、雄山《おやま》、越中沢岳《えっちゅうざわだけ》まで二重、三重に山並みが広がる。

次いで、東峰《とうほう》に行ってみよう。約10分で標高730㍍の**東峰**に着く。三角点のある本峰よりわずかに高いが、広さ、展望ともにやや劣る。やはり本来の頂上がよい。

Ⓑ長倉コース

長倉コース登山口にも同じ標柱が立っている。このコースの登りはじめは杉林で、ロープが連続する急斜面が続く。難所を登りきったところで視界が開け、大きなアカマツが現れる。ここからは稜線歩きとなり、やがて**目桑コースとの合流点**に出る。

ところで、塔倉山は短い時間で登れるので、帰りに岩室《いわむろ》ノ滝を見に行こう。目桑コース登山口から、車で林道をそのまま前進する。500㍍ほどで、谷の最奥をすぎ、進行方向が変わるが、林道は舗装されており、迷うことはない。登山口から約8㌔で岩室ノ滝の駐車場だ。車を降り、少し歩くと一直線に落下する岩室ノ滝がある。

を一直線に流れ落ちるさまはみごとで、県の天然記念物に指定されており、「とやまの滝37選」にも選定されている。

■問合せ先
立山町役場商工観光課☎076・463・1121

■2万5000分ノ1地形図
大岩

CHECK POINT
Ⓐ目桑コース

1

塔倉山の目桑コース登山口

2

見晴らしのよい尾根

3

目桑コースと長倉コースの合流点

CHECK POINT
Ⓑ長倉コース

1

長倉コース登山口標柱

2

ロープの張られた急登が続く

37

弥陀ヶ原と称名滝の展望台

大辻山

おおつじやま
1361m

日帰り

歩行時間＝3時間5分
歩行距離＝5・0㎞

技術度

体力度

コース定数＝13

標高差＝433m

累積標高差 537m 537m

↑高峰山付近から見た大辻山

←大辻山からは剱岳や毛勝三山がみごと

大辻山は富山市内から立山《たてやま》連峰を遠望した際、白く光る弥陀《みだ》ヶ原《はら》の中央部を下から三角に突き上げているように見える山である。ピラミッド型の山容で、よく目立つ。国立立山青少年自然の家が、登山道の整備をしている。

芦峅寺《あしくらじ》の雄山《おやま》神社横から、3・5㌔で**長尾《ながお》峠**に着く。見晴らしがよく、広い駐車スペースがあるので、ここに車を停める。

駐車場から、やや下り気味に約500㍍ほど林道を歩くと、自然の家の林道標識⑨がある。ここが大辻山本道《ほんどう》の**登山口**だ。

登りはじめてすぐ、「大辻山①」の標識がある。ミズナラの少し急な山腹を登って稜線に出ると②の標識である。このあと標識は⑪まで続き、番号をたどる楽しみがある。

背の低い灌木の中を登ると**奥長《おくなが》尾山《おやま》**になる。ブナの木に③の標識がついている。奥長尾山からカンバ平にいたる稜線にはミズナラやブナの巨木もあるが、おおむね灌

■鉄道・バス
往路・復路＝利用できる公共交通機関はない。マイカー登山がおすすめ。

■マイカー
県道富山立山公園線を芦峅寺の雄山神社の脇の林道から国立立山青少年自然の家へ左折して5㌔で長尾峠。

■登山適期
4月中旬～10月。新緑のころから紅葉のころまでよく登られている。

■アドバイス
▽クマ対策は必須。
▽大辻山にはいくつものルートがある。メインのルートを本道という。
▽白岩川コースは初歩的な沢登りが楽しめる。入口は林道標識⑩である。大滝には縄バシゴがかかっており、やぶこぎもない。上部は又蔵ルートとよばれている。ただし、支沢に迷いこまないように気をつけること。
▽北尾根ルートは、鳥越峠に下りるが、長く、起伏もあるので、どのルートより時間がかかる。

■問合せ先
立山町役場商工観光課☎076・463・1121、国立立山青少年自然の家☎076・481・1321

■2万5000分ノ1地形図
大岩・小見

木で明るい。

⑤の標識のカンバ平は広いので、休憩によい。カンバ平をすぎると木の根の階段状の登山道が多くなり、ロープがついているところもある。⑥のブナ平は、春はやわらかい新芽になごみ、秋の黄色と赤色は華やかである。再びロープのついている急斜面を登れば、まもなく、**北尾根の分岐**に出る。コース標識がしっかりとある。もうひと息と思ってからの登りが、結構きつい。

大辻山山頂の展望はよく、雄山山頂、室堂平《むろどうだいら》、天狗平《てんぐだいら》が箱庭のように見える。目の前には称名滝《しょうみょうたき》が3段に落下し、称名川が弥陀ヶ原の溶岩台地を深く浸食している様子が手にとるように見える。僧《そう》ヶ岳《たけ》から薬師岳《やくしだけ》、鍬崎山《くわさきやま》まで、山並みがパノラマのように広がっている。

帰路は中尾根ルート、北尾根ルート、長尾ルートなど、いくつものルートがあるが、整備が行き届いていて、歩きやすい本道ルートを戻るのがいちばんよいだろう。

CHECK POINT

林道標識⑧。駐車スペースとトイレがある

駐車場から林道を500㍍下ると林道標識⑨が本道の登山口

奥長尾山山頂には③の標識がつけられている

⑤の標識はカンバ平。広いスペースがあり、休憩地によい

北尾根との分岐点には⑨の標識がつけられている。ここで右に山頂へ

大辻山山頂。360度の大きな展望が広がっている

38

岩稜のスリルを味わうハイグレードハイキング

来拝山

らいはいざん
900m

日帰り

歩行時間＝2時間50分
歩行距離＝2・6km

技術度

体力度

コース定数＝9

標高差＝254m

累積標高差 329m 329m

山麓の芦峅寺から来拝山を見上げる

来拝山は立山《たてやま》信仰にゆかりのある山で、古くからこの山に登って立山を遥拝したといわれている。

閑散として荘厳なたたずまいの雄山神社

登山口には国立立山青少年自然の家があり、その活動エリアとして登山道、標識、植物名の標識など、実に手入れが行き届いている。平日は地図を片手にした子ども達のグループと行き交うことも多いが、休日は静かになる。

城前峠から見る秋の来拝山

来拝山に登るには、普通、南尾根を登り、東尾根を下って城前《じょうぜん》峠に出る。これは最も手入れされたコースである。ただこの場合は城前峠から車を置いた登山口まで舗

■鉄道・バス
往路・復路＝富山地方鉄道千垣駅で下車し、約5キロを徒歩で登山口へ。所要1時間30分前後。

■マイカー
北陸自動車道立山ICから県道立山公園線を進む。芦峅寺の雄山神社横で林道大辻線に入る。3・5キロで国立立山青少年自然の家。ここまでは冬でも除雪される。

■登山適期
3～11月。なお、冬はカンジキ登山ができ、スノーシュー登山や、林道を城前峠までクロカンスキーを楽しむこともできる。

■アドバイス
▽国立立山青少年自然の家は学校の団体のみならず、家族や地域および職場のグループでも利用できる。宿泊者には貸スキー（アルペン、クロカンとも）もある。
▽麓の芦峅寺には立山博物館（展示館、遥望館、まんだら遊園）がある。まんだら遊園は立山の地獄・極楽を今に体験できる不思議な空間である。

■問合せ先
立山町商工観光課☎076・463・1121、国立立山青少年自然の家☎076・481・1321、立山博物館☎076・481・1216

■2万5000分ノ1地形図
大岩・小見

CHECK POINT

南尾根コース登山口の看板

杉林の中に標識「2」。この後はロープ付きの岩場、ハシゴと急坂が続く

山頂標識は「5」、山頂広場からは雄山などを望むことができる

東尾根コースを下る。かなり急な岩場が続く。濡れている時などは注意

「8」の標識で右手の大日の森に入り、大杉平などをすぎる

標識「C」から大丸山を往復する。少し登るが展望がよい

装された林道を歩いて戻ることになるので、大日《だいにち》の森《もり》から山腹を巻いて駐車場に戻るコースを紹介する。

青少年の家の手前約200メートル地点にある来拝広場に駐車する。草が生えているが、充分に広い。**広場**から左手の砂利道を進んで、キャンプ場を抜ける。「**来拝山登山口**」の標識から杉林の中を登る。登山道には青少年の家のルート標識が①から⑩までついている。入口が①で来拝山山頂が⑤、城前峠で⑩となる。今回は⑧から大日の森に入ることになる。

杉林を抜けて下を見ると青少年の家が見える。低い山だがかなりの急坂である。鼻の先に木の根元があったり、急なハシゴがかけられていたりする。ところどころに岩場も現れる。ロープが張られているが、子ども連れなら冷や汗が出ることだろう。

来拝山山頂はかなり広い。ミズナラの間から立山連峰が見える。

下りは東尾根をたどる。ここもかなり急だが、ロープがおしげもなく張られている。⑧の**分岐**で右手に折れ、大日の森に入る。途中でちょっと寄り道して**大丸山**を往復してから**駐車場**に戻ることにしよう。

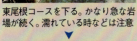

39

尖山

山頂で遺跡が発掘された円錐形の不思議な山

とがりやま
559m

日帰り

歩行時間＝2時間
歩行距離＝5・8km

技術度

体力度

コース定数＝**10**

標高差＝304m

累積標高差 ↗400m ↘400m

どこから見ても特異な円錐形の山容

尖山山頂からの展望

尖山は、県道富山立山《たてやま》公園線が山あいにさしかかる地点にあり、よく目立つ三角形の山である。この山はどこから見ても同じ三角形で、まさに円錐形である。頂上はスパッと切ったように平らになっていて、ピラミッド跡だとか、UFOの基地だとか、夢をふくらます説もある。山頂で山岳信仰に伴う祭祀の遺跡が発見されている。昔から親しみをこめて「とんがりやま」とよばれている。

立山公園線のアルペン村をすぎて、富山地方鉄道立山線の横江《よこえ》駅入口に駐車場があり、「**尖山登山口**」の標識が立っている。狭い里道を進むと、約1キロで分岐点になる。「とんがりやま2キロ」の標識がある。分岐点から尖山に向かって歩きはじめると、円錐形の山がますます近くに見えてくる。

林道の終点が**登山道入口**で、砂防堰堤が正面に見えてくる。ここにも堰堤工事の終了後、周辺が舗装されて、広い駐車スペースがある。どこから歩くかは自由。アルペン村から歩いてくる人もいる。

杉林の中を沢に沿って緩やかに登る。杉林が少し開けて明るくなると、道は左に折れて、いよいよ尖山本体の登りにかかる。

西斜面を巻くように登っていくが、標高が高くなるにつれて眼下に常願寺《じょうがんじ》川が広がり、最後は北面から階段を登りつめて山頂に立つ。

■鉄道・バス
往路・復路＝富山地方鉄道立山線横江駅を利用。

■マイカー
県道立山公園線沿いのアルペン村をすぎ、富山地方鉄道立山線横江駅。

■登山適期
通年を通して登山可能。子ども連れなら3～11月。大人なら、晴天を選べば真冬でもひと汗かけば登れる。

■アドバイス
▽休日はファミリーが多い。登山口へのアクセスがよく、短時間で山頂に立てることが人気のもとだろう。
▽尖山山頂に三角点が置かれた当時は「布ケ岳」と命名されていた。その後「布倉山」を経て、現在の「尖山」になった。
▽標高が低いので、気温の高い夏場は早朝に登るのがおすすめ。
▽夏椿峠ルートもあるが、こちらは急登になるため、子ども連れや初心者は通常のルートをおすすめする。
▽積雪期は単独、初心者だけの登山は好ましくない。
▽入浴施設はグリーンパーク吉峰ゆ～ランド（☎076・483・2828）がある。

■問合せ先
立山町商工観光課☎076・463・1121

■2万5000分ノ1地形図
千垣

CHECK POINT

1 県道沿いの尖山登山口案内板。マイカーの場合は駐車場が利用できる

2 横江の集落から約1キロの分岐点

3 登山道入口の登山届を入れる箱。忘れずに記入していこう

4 杉林の中を沢に沿って緩やかに登って山頂を目指す

5 明るい階段の道を登りつめて山頂へ

6 360度、さえぎるものがない尖山頂上

尖山山頂は、水平の台地で、展望がよい。大辻山《おおつじやま》がとてもりっぱに見え、ついで大日岳《だいにちだけ》がよく見える。劔《つるぎ》岳《だけ》、毛勝《けかつ》三山、駒《こま》ヶ岳《たけ》、僧《そう》ヶ岳《たけ》と北へ続き、南へは雄山《おやま》、竜王岳《りゅうおうだけ》、鷲岳《わしだけ》、鳶山《とんびやま》と続く。手前には弥陀《みだ》ヶ原《はら》と鍬崎山《くわさきやま》。振り返れば常願寺川扇状地もよく見える。ともかく、何にもじゃまされることなくよく見えるのである。逆にいえば、それらのすべてから、この三角錐が見えるということである。

頂上の少し下から夏椿峠《なつつばき》経由の登山路もあるが、急斜面なので、下山は来た道を戻ろう。

40

百間滑と龍神ノ滝および松尾滝を経てブナ林の稜線を歩く

瀬戸蔵山・大品山

せとくらやま　1320m
おおしなやま　1420m

日帰り

歩行時間＝5時間50分
歩行距離＝7・6km

技術度
体力度

コース定数＝23
標高差＝818m
累積標高差 977m 977m

立山山麓スキー場の海洋センター付近から見る瀬戸蔵山

鍬崎山《くわさきやま》から大品山、瀬戸蔵山、極楽坂山《ごくらくざかやま》と連なる長大な稜線があり、周辺にはいくつものトレッキングコースをはじめ、ウォーキングコースが整備されている。ここでは美しい岩床の百間滑《ひゃっけんなめ》から龍神《たつがみ》ノ滝と松尾《まつお》滝の2つの滝を眺め、瀬戸蔵山、大品山まで足をのばし、粟巣《あわす》野《の》スキー場に戻るコースを紹介しよう。

ねじれるように落ちる龍神ノ滝

粟巣野スキー場から、「清流の小径」の標識にしたがって遊歩道を行くと**百間滑**に出る。長く美しい岩床を水が流れており、休憩用ベンチもある。沢沿いの道を登ると、まず左手奥に松尾滝、ついで正面に**龍神ノ滝**が現れる。雪解けのころは水量が多く、見ごたえがあり、紅葉に彩られた秋も美しい。

ここから先も整備された階段の登

■**鉄道・バス**
往路・復路＝富山地方鉄道立山駅下車、徒歩約40分で粟巣野スキー場。

■**マイカー**
北陸自動車道立山ICから立山公園線で立山大橋を経由し、粟巣野スキー場へ。大駐車場あり。

■**登山適期**
残雪の消えた6月から紅葉の11月中旬まで。

■**アドバイス**
▽夏山リフトとしてビスタクワッドと第3ペアリフトが運行されている。多少の時間の短縮にはなる。運行日や運行時間については確認のこと。
▽立山山麓ゴンドラリフトについては、施設の不具合により、安全確保が難しいため運行が停止され、施設も撤去されている。
▽ゴンドラリフトを利用できない分、時間や体力を充分考慮し、出発時間や行き先については余裕をもった計画が必要。
▽大山歴史民俗資料館には亀谷銀山の盛衰などの資料が展示されている。
▽入浴施設は森の風立山（☎076・481・1126）がある。

■**問合せ先**
富山市大山行政サービスセンター☎076・483・1211、大山観光協会☎076・481・1900、大山観光開発株式会社（リフト）☎

りが続く。松尾の大杉、龍神のご神木など立山杉の巨木群をすぎると、斜度が強くなる。しばらくでベンチのある広場に到着する。頂上に近づくにつれ、斜度はさらにきつくなり、ロープや鉄製のハシゴもある。充分に注意してゆっくり確実に登りたい。**瀬戸蔵山**山頂に出ると、目の前に大辻山《おおつじやま》が見え、美女平《びじょだいら》駅の真上に毛勝《けかつ》三山も見える。休憩ベンチがある山頂の北側には、電波反射板が建っている。

　右手遠方に有峰《ありみね》湖が望める鞍部から、さらにさわやかなブナ林の尾根道をたどれば、**大品山**山頂に着く。頂上広場は山頂から少し東に寄ったところにある。灌木が刈りとられ、ブナとダケカンバが混在する気持ちのよい休憩広場である。ここまでは遊歩道として整備されている。

　下山は往路を戻ってもよいが、大品山の分岐点から粟巣野へ下りることにしよう。急な下りも少しあるが、やがて二重山稜のブナ林が広がる。二股に分かれている**1229㍍地点**で左の道を進む。北陸電力の調整池の脇に出たら、調整池東側の遊歩道を送水管に沿うように下り、スキー場上部に出る。杉林に続く登山道を歩くか、雪がない斜面はいくぶん歩きにくいが、そのまま下りて**粟巣野スキー場**の出発点に戻る。

076・482・1311、大山歴史民俗資料館☎076・481・1415

■2万5000分ノ1地形図
小見

CHECK POINT

百間滑は美しい岩床を澄んだ水が流れる

登山道沿いに龍神の御神木が鎮座している

金属製の階段、急斜面ですべりやすいので要注意

延々と階段の登りが続く

ブナ林のさわやかな尾根が続いていく

大品山山頂。樹間から鍬崎山などを見ることができる

鍬崎山からの大展望。立山やザラ峠が見える

41 鍬崎山

数百万両もの黄金伝説を秘めた優美な山

日帰り

くわさきやま
2090m

歩行時間＝11時間45分
歩行距離＝12・4㎞

技術度 2/5
体力度 3/5

コース定数＝**45**
標高差＝1488m
累積標高差 ↗1874m ↘1874m

鍬崎山は、立山《たてやま》連峰の前面にそびえる山で、先端が尖って見えるのが印象的。県内のほとんどの地域から見ることができる。その昔、富山城主の佐々成政が数百万両もの軍用金を埋めたといわれる黄金伝説の山でもある。大品山までは遊歩道だが、ここから先は登山道となる。大品山《おおしなやま》までは前項（40瀬《せ》戸蔵山《とくらやま》・大品山）を参照のこと。

大品山から標高差で90メートル下った鞍部から鍬崎山への登りがはじまる。真《ま》谷側は急峻に切れ落ちているので、登山道は主として西側の山腹と稜線をたどっていく。

美女平駅から見る鍬崎山

尾根に出て1429メートル地点にネズコの大木がある。その先、鎖が張られた露岩のある細いリッジを乗り越えると1756メートルの**独標**となる。ここで尾根は左へ直角に折れる。ここまで来ると、正面に鍬崎山山頂が手

■鉄道・バス
往路・復路＝40瀬戸蔵山・大品山（120ページ）を参照。

■マイカー
40瀬戸蔵山・大品山（120ページ）を参照。

■登山適期
6月上旬～10月下旬。ブナとダケカンバの天然林が織りなす新緑や紅葉が美しい。残雪期は、白銀に輝く峰々に囲まれ神々しい眺めだが、熟達者向きである。

■アドバイス
▽夏山リフトとしてビスタクワッドと第3ペアリフトが運行されている。運行日や運行時間については確認のこと。
▽立山山麓ゴンドラリフトについては、施設の不具合により、安全確保が難しいため運行が停止され、施設も撤去されている。
▽紹介したコースは、ゴンドラリフト利用時より時間や累積標高差が多くなるので、出発時間や行き先については余裕をもった計画が必要。目安として12時に頂上に着かないと判断したら、下山する決断も必要だ。
▽行程が長く水場がないので充分な飲料水とヘッドランプは必携。
▽入浴施設は森の風立山（☎076・481・1126）がある。

■問合せ先
富山市大山行政サービスセンター☎

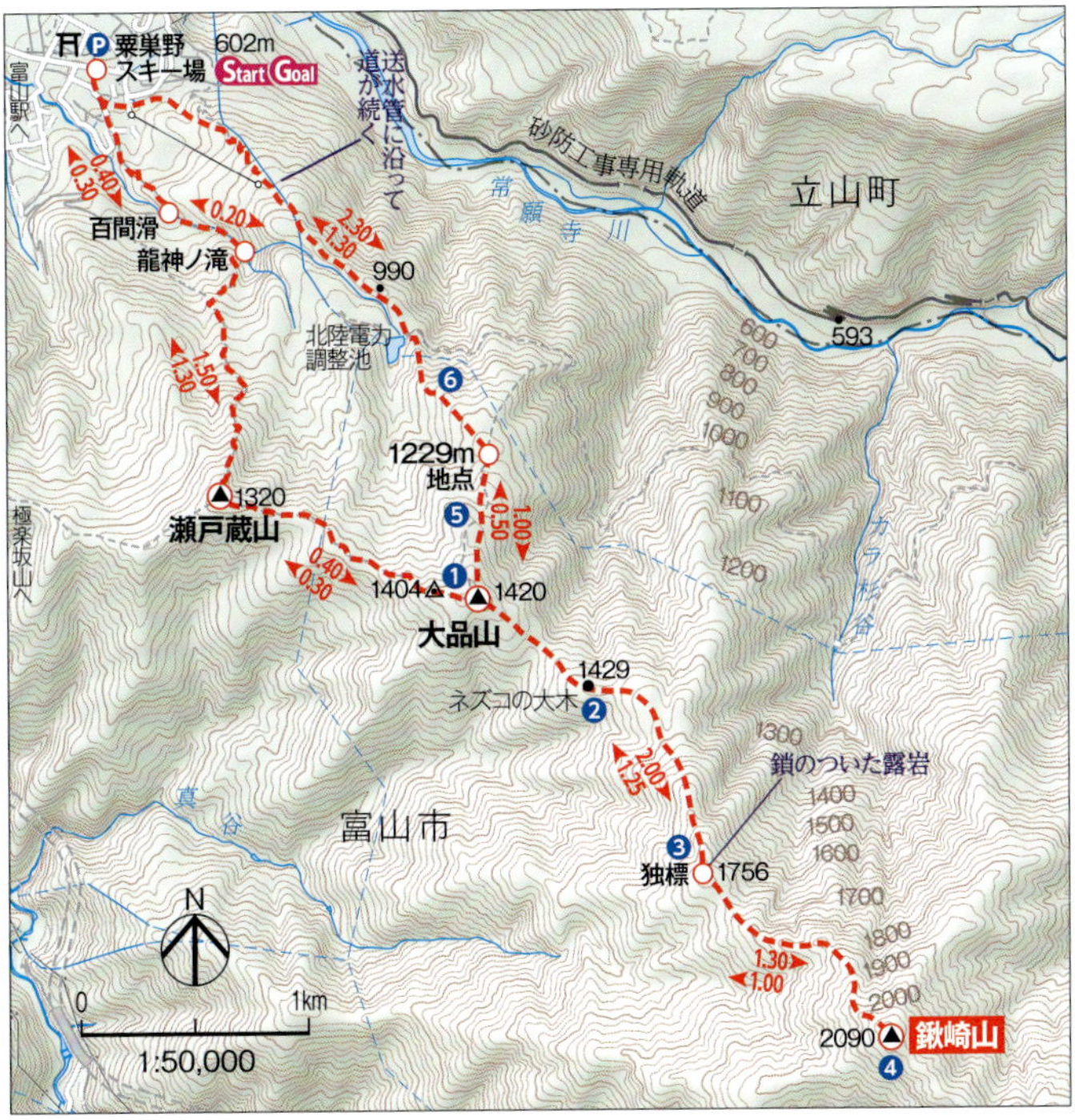

にとるように見えてくる。剱岳《つるぎだけ》も奥大日岳《おくだいにちだけ》の真上に現れてくる。20メートルほど下って最後の登りになる。アオモリトドマツからダケカンバに林相が変わる。1800メートルぐらいから細い尾根になって、長い登りを経て**鍬崎山**山頂に出る。下界から見える尖った山頂とは異なり、南北に細長い平らな山頂である。

山頂からのパノラマは360度さえぎるものがない。足もとには人と自然の闘いが明治以降続いている立山カルデラの堰堤群が階段のように見える。なんといっても、圧巻は正面の薬師岳の眺めだろう。

下山は往路を引き返すと時間がかかるので、**大品山**の分岐点から粟巣野へ下りることにしよう。急な下りも少しあるが、やがて二重山稜のブナ林が広がる。二股に分かれている**1229メートル地点**で左の道を進む。北陸電力の調整池の脇に出たら調整池の東側の遊歩道を送水管に沿うように下って、粟巣野スキー場の上に出る。杉林に続く登山道を歩くか、雪がない斜面はいくぶん歩きにくいが、スキー場をそのまま下りて、出発点の**粟巣野スキー場**に戻る。

076・483・1211、大山観光開発株式会社（リフト）☎076・482・1311、立山山麓家族旅行村☎076・481・1748

■2万5000分ノ1地形図
小見

CHECK POINT

1 大品山のすぐ先から鍬崎山への長い登りがはじまる

2 1429メートル、ネズコの大木でひと休みしていこう

3 鎖のついた露岩、残雪期には最も注意したい場所

4 鍬崎山山頂。360度の大パノラマが楽しめる

5 下山途中の二重山稜のブナ林。初夏は新緑が美しい

6 下山コースの調整池へ向かう分岐点

42

鉢伏山

和田川と小口川の間にある幽寂の山域

はちぶせやま 1782m

日帰り

歩行時間＝6時間
歩行距離＝7・5km

技術度 ●●○○○
体力度 ●●○○○

コース定数＝22

標高差＝747m

累積標高差 ↗825m ↘825m

↑立山少年自然の家から見る鉢伏山

←鉢伏山山頂から立山連峰を望む

鉢伏山とは鉢を伏せたような山容からついた山と思われるが、同名の山は日本各地にあるようで、富山県も例外ではない。ここで紹介する鉢伏山は、常願寺《じょうがんじ》川の支流、和田《わだ》川と小口《おぐち》川を仕切る山塊にある。以前は、亀谷《かめがい》から古い鉱山道をたどって登っていた。しかし、長くて標高差も大きく、きついコースであった。現在では有峰《ありみね》林道の小口川線が開通し、林道の標高1000メートル地点から登る道が開かれたので、標高差は約800メートルとなった。ただし、取付までは富山地方鉄道の有峰口《ありみねぐち》駅から12キロと長いので、車の利用に限られる。

有峰林道小口川線沿いに、それぞれの谷名の書かれた鉄杭が立っている。千本小口平《せんぼんおぐちだいら》というブナ林をすぎてまもなく、「フロヤ谷」と書かれた谷がある。ここが鉢伏山の**登山口**であり、車を数台置けるスペースがある。

いきなり急斜面の直登ではじまるが、じきにジグザグ道になり、10分くらいで露岩帯に出る。ブナ

■鉄道・バス
往路・復路＝富山地方鉄道の有峰口駅から登山口まで12キロと長いので、車の利用に限られる。

■マイカー
林道小口川線の水須連絡所からトンネルを3つ抜けて進み、フロヤ谷へ。

■登山適期
7～10月。有峰林道小見線の開通は6月1日。小口川線の開通は7月15日ごろ、閉鎖は10月末。通行期間が限られるので登山期間は短い。5月の残雪期には和田川左岸の林道を進み、鳥ヶ尾山経由で登れる。

■アドバイス
▽有峰林道（有料）は20～6時までの夜間は通行禁止。目的地により連絡所ゲートを通過できる時間が異なる。夕方以降に林道を利用する場合は確認すること。
▽小口川線の規制速度は20キロ。時間雨量30ミリ、積雪10センチ以上で通行止め。
▽江戸時代初期の越中ゴールドラッシュ・シルバーラッシュの時期に栄えた亀谷銀山は、大御所・家康と将軍秀忠に亀谷の銀で鋳造した「花降り銀」1000枚を献上したという。今も、銀の持ち出し、密売を監視していた関所跡の標柱が道路脇にある。銀山が衰えてからも、鉛鉱石の採掘が大正時代まで続いていた。

■問合せ先
富山市大山行政サービスセンター☎

林の中を進み、やがて斜度が緩くなると、尾根上の登山道を忠実にたどる。

樹林帯からいきなりパッと明るいところに出ると、そこは樹木の生えない鉱滓の捨て場である。かなり昔に廃鉱になった**鉱山跡**だが、いまだに鉱毒の影響でシダしか生えていない。

この先で、道は直角に折れ、山腹を横切っていく。かつてはトロッコが走った道で、約200《メートル》進んだところで沢に入る。水の涸れた小沢だが、2度分岐する。いずれも右側の沢を選ぶ。沢が終わり、尾根に出る手前にも道標がある。尾根に出ると、小さな登り下りを繰り返しながら高度を上げる。

背の低いシラビソとハイマツの生えた平坦地に着くと、**鉢伏山**山頂だ。三角点標石の横に、山頂を示す標柱が立っている。山頂から30《メートル》くらい北側が気持ちのよい草地で、視界もきき、休憩場所として最適である。北に僧《そう》ケ岳《たけ》から連なる山々が見え、鍬崎山《くわさきやま》の上に立《たて》山《やま》連峰が望まれる。

下山は往路を戻る。

076・483・1211、大山町歴史民俗資料館☎076・481・1415、有峰森林文化村・有峰ビジターセンター☎076・481・1758、富山県農林水産部森林政策課みどり企画係☎076・444・3384

■2万5000分ノ1地形図
小見

CHECK POINT

1 登山口のフロヤ谷出合。谷名を刻した標柱が立つ

2 登山道入口。案内板は風雪で倒壊している

3 急斜面を直登したあと、露岩帯にさしかかる

4 倒木のある急斜面にはロープも張られている

5 涸れた沢状を行くが、2度の分岐はいずれも右へ

6 鉢伏山山頂。展望は少し北側に行くとよい

43

偉大なる念仏僧・播隆上人の生誕地から登る

高頭山

たかずこやま
1210m

日帰り

歩行時間＝5時間30分
歩行距離＝8・0km

技術度 1/5
体力度 2/5

コース定数	＝21
標高差	＝820m
累積標高差	↗842m ↘842m

熊野川ダムの湖畔から高頭山を望む

槍《やり》ヶ岳《たけ》開山で知られる播隆上人は、念仏僧として、美濃《みの》、飛騨《ひだ》、三河《みかわ》、尾張《おわり》、信濃《しなの》を中心に布教し、その間に笠《かさ》ヶ岳《たけ》を修復して登っている。その時眺めた槍ヶ岳にひかれ、文政11（1828）年、槍ヶ岳の登頂に成功し、以後一般人にも登山の道を開くため槍ヶ岳に鉄の鎖をかけるなどしている。

この播隆上人の生地が大山《おおやま》町河内《かわち》（現在は廃村）で、生家のあったところに碑が立っている。毎年、日本山岳会富山支部と、末裔である中村家によって碑前祭が行われている。高頭山はその前を通って登る山である。

アプローチは車を利用し、播隆上人の生家跡から先、熊野《くまの》川を渡ったところの新熊野川発電所入口に10台ほど駐車できるスペースがある。駐車場の横に**登山道入口**の標識がある。最初はしばらく急な登りの杉林の中を行く。秋にはどんぐりの実がたっぷり落ちている道だ。

道が水平になると導水管の横を歩く。熊野川第二発電所が改築され、導水管も新しくなったので、その横にコンクリートの新しい道がつけられた。急登になるとすぐに**三枚滝への分岐**に着く。導水管はここまでで、サージタンクがある。

三枚滝へ行く水平道を横目に、200メートルぐらい進んだところから左側の踏跡をたどる。まもなく大きな切り株が並ぶ尾根になる。小原の杉の伐採跡で、周囲にはイバ

■鉄道・バス
往路・復路＝利用できるバス便はないので、マイカーで登ることになる。
■マイカー
大山町上滝から県道花崎河内線を熊野川に沿って走る。熊野川ダムに出ると、高頭山が湖面にその姿を映している。河内をすぎ、橋を渡ると広い駐車場がある。
■登山適期
5～6月、9～11月。県道河内花崎線はトンネルから先は11月末～5月末まで通行止め。春と秋は美しく、晩秋もしっとりとした味わいがある。盛夏は気温が高く、早朝出発以外おすすめしない。
■アドバイス
▽6月第1土曜に播隆上人の碑前祭が行われる。
▽1990年、橋本廣氏の発案でチロル山の会のメンバーをはじめ、山仲間が伐開した。
▽三角点の頂上周辺は6月上旬にタケノコが採れる。
▽三枚滝へは釣り人がよく通っており、水平な道をたどると滝の上部に出る。時間が許せばぜひ訪れたい。往復で約40分。
■問合せ先
富山市大山行政サービスセンター☎076・483・1211
■2万5000分ノ1地形図
千垣

CHECK POINT

1

播隆上人の生家跡をすぎ、熊野川発電所入口が登山口

2

杉林の中の急な道を水平道に向かって進んでいく

3

前半のコースは発電用の導水管の横に道がつけられている

4

導水管を渡り、その脇の階段道を登っていく

5

高頭山山頂はブナ林に囲まれている。展望は少し手前の三角点がよい

ラが茂っているが、眺望のよい小尾根である。

　標高1000メートルの平から落葉樹林帯をトラバース気味に登って稜線に出ると、ゴヨウマツの大木がある。根元にイワウチワやシャクナゲがあり、落葉樹の中では目立つ存在である。美しいブナ林を経て前頭《まえずこ》とよぶ小ピークになるが、ここは頂を踏まずに鞍部へ下り、最後の登りになる。

　ネマガリタケの中に**高頭山**1203メートルの三角点がある。薬師岳《やくしだけ》、立山《たてやま》、剱岳《つるぎだけ》、白馬岳《しろうまだけ》が見え、西笠山《にしかさやま》、東笠山《ひがしかさやま》は手の届きそうな近さに見える。最高地点はその先のブナ林で、標高1210メートル。休憩するには実によい場所で、春は新芽、秋は黄色や赤色の紅葉で心和む頂である。

　登山道は一本なので、下山は往路を戻る。

亀谷にある播隆上人像

44

猿倉山・御前山・小佐波御前山

風の城からふるさと歩道を行く大沢野地区のシンボル的な山

さるくらやま　345m
ごぜんやま　559m
おざなみごぜんやま　754m

日帰り

歩行時間＝4時間25分
歩行距離＝10・0km

技術度
体力度

コース定数	＝19
標高差	＝484m
累積標高差	上り 725m
	下り 725m

直坂遺跡手前の田園から見た猿倉山と小佐波御前山

かつての猿倉山スキー場周辺は猿倉山森林公園として、遊歩道や芝生広場、キャンプ場、バーベキュー施設などが整備され、季節を問わず多くの人が訪れている。

コース上からは抜群の展望が楽しめる

獅子ヶ鼻。高さ30メートルくらいの岩峰がいくつもある

小佐波御前山へは、笹津《ささづ》、芦生《あっしゅ》、小佐波の3方向から道がある。最も親しまれているのは、ふるさと歩道として整備が行き届いている笹津からのコースで、猿倉山森林公園のバーベキュー広場の**駐車場**から登りはじめる。

階段をしばらく登ると、**猿倉山**に着く。山頂の一角には富山

■鉄道・バス
往路・復路＝JR高山本線笹津駅から猿倉山森林公園まで徒歩約20分。

■マイカー
北陸自動車道富山ICから国道41号を南下、猿倉山森林公園の案内板をたどって約20分。猿倉山森林公園の駐車場に停める。

■登山適期
4～11月。4月には新緑にタムシバ。7月はヤマボウシの花にホタルブクロ。秋は獅子ヶ鼻から眺める紅葉。冬は林道をスキーで行くのもまたよい。

■アドバイス
▽登り口の駐車場には上流側に神通川第2ダムの湖面を、下流側に神通川第3ダムの湖面と富山平野を展望できる建物がある。
▽山頂広場の少し先に小佐波御前小屋（無人）がある。
▽JR高山本線笹津駅から小佐波御前山に登り、芦生に下りたら楡原駅に出る。
▽車で林道を最大限に使えば、獅子ヶ鼻と小佐波御前山だけを登ることもできる。いろんな選択肢がある山である。林道は御前山の近くまでついているが、下から歩く方が楽しい。
▽大沢野町の特産はイチジクで、イチジクを使った加工品がある。
▽入浴施設は春日温泉郷（大沢野観光協会☎076・467・1963）

平野を一望できる夜景のスポットとしても人気の風《かぜ》の城《しろ》がある。かつては、神通おろしとよばれる強い風を利用した風力発電が行われていたこともある。少し先には展望台も建っている。

猿倉山からコンクリートの道を下っていくと、林道に出る少し手前で、御前山への遊歩道に入る。**御前山**から少し林道を歩くと、小佐波御前山へのふるさと歩道になる。獅子《しし》ヶ鼻《はな》への標識がある分岐から水平に5分ほどで**獅子ヶ鼻**だ。高さ30㍍の岩稜が3本、垂直に切れ落ちており、その上に立つと、神通《じんつう》川の対岸がよく望まれる。ふるさと歩道に戻ってしばらくすると、また同じような岩稜がある。不思議である。

灌木の背が低いので、明るく、気持ちのよい登山道が尾根通しに続き、頂上直下でやや急な登りとなる。たどり着いた**小佐波御前山**の山頂台地には祠と三角点があり、富山平野の展望が視界いっぱいに広がる。さらに5分ほど奥に進んだところに山頂広場がある。

下山は、往路を戻ろう。

がある。

■問合せ先
富山市大沢野行政サービスセンター
☎076・468・1111
■2万5000分ノ1地形図
千垣・八尾

CHECK POINT

猿倉山森林公園のバーベキュー広場が登山口

整備された階段道を猿倉山山頂に向かって登っていく

猿倉山山頂には社が建ち、展望もすばらしい

猿倉山山頂の一画にあるユニークな形状の展望台

ふるさと歩道と名づけられた気持ちのよい階段道を行く

小佐波山山頂。少し下ると小佐波御前小屋がある

45 春はタケノコ採りが楽しめる静かな県境の山

唐堀山

からほりやま
1159m

日帰り

歩行時間＝4時間40分
歩行距離＝5.0km

技術度
体力度

コース定数＝20
標高差＝894m
累積標高差 950m 950m

↑視界が広がる4番目の鉄塔からの展望。左から薬師岳、立山、剱岳の峰々

←尾根上に並ぶ4つの鉄塔をつなぐ登山道上のブナ林

神通《じんつう》川の支流・久婦須《くぶす》川と宮《みや》川の間に連なる山並みは、岐阜県の蕎麦角山《そばかどやま》から富山県の笹津山《ささづやま》まで、ゆったりとしたうねりのようにピークを連ねている。唐堀山はその山並みのほぼ中間に位置し、富山県と岐阜県の県境をなす山である。

山頂への道は県境の位置を示す境界線と送電線巡視路を兼ねたもので、電力会社によって手入れされている。

加賀沢《かがさわ》トンネルの歩道を560㍍歩くと飛越《ひえつ》トンネルに変わるが、その境目の非常口で鉄扉を内側に引いて外へ出る。コンクリート壁に黄色いステップがあり、下るとJR高山《たかやま》本線。唐堀トンネル入口が**登山口**で、そこにはこんこんと冷たい清水が湧き出ている。

はじめはトンネル横の階段を登り、小さな堰堤から舟渡《ふなと》谷という沢に沿って登る。このあたりは、鉄道の雪崩防止林で、鉄柵がところどころに残っている。左手に水平に分岐している道があるが、それは鉄塔の巡視路なので、右の道を選ぶ。ブナ林を進むと、やがて最初の鉄塔に出る。平坦な草地になっているので、休憩するには好都合である。

道は尾根上に並ぶ4つの鉄塔をつないでまっすぐに登っている。ほぼ一定のきつい傾斜なので、効

■鉄道・バス
往路・復路＝JR高山本線杉原駅で下車。国道360号を北に3㌔ほど戻ると、飛越トンネルの岐阜側入口。駅から登山口まで渓谷の景色を眺めながら約1時間30分。

■マイカー
マイカーの利用をすすめる。国道41号を猪谷で右折して国道360号に入る。蟹寺の集落と越路トンネルをすぎると加賀沢トンネルになる。トンネルに入る手前の路肩に駐車する。

■登山適期
5〜10月。6月上旬は山頂一帯でタケノコが採れる。多人数でも楽しめるが山菜迷子には注意。

■アドバイス
▽唐堀山で最も眺望のよいのは、標高900㍍あたりで、笠ヶ岳、槍ヶ岳、黒部五郎、薬師岳、立山、剱岳、毛勝三山まで見える。
▽道の駅「細入（物産センター林林）」（☎076・484・1815）にも立ち寄りたい。細入特産のラッキョウがおすすめ。
▽入浴施設は楽今日館（☎076・485・2800）がある。

■問合せ先
富山市大山行政サービスセンター☎076・483・1211

■2万5000分ノ1地形図
猪谷

率よく高度を上げることができる。**3番目**の鉄塔をすぎ、4番目の鉄塔の下あたりは展望がよい。この先、稜線を直登する道は、荒れて通行止めになった。

左側へほぼ水平に巻いて進むと、まもなく**唐堀山**の最高地点で、三角点標石がある。山頂付近はネマガリタケに覆われ、立木も混ざり、休憩には適さない。ヘリポートまで行こう。

山頂台地の中央に道が通っており、やや下り気味に200メートルほど進めば、明るい広場に着く。ここが**ヘリポート**で、休憩にちょうどよい。周囲がネマガリタケで、南西に白《しら》木峰《きみね》、小白《こしら》木峰《きみね》が、南には宮川上流の打保《うつぼ》方面が見える。

下山は往路を引き返す。

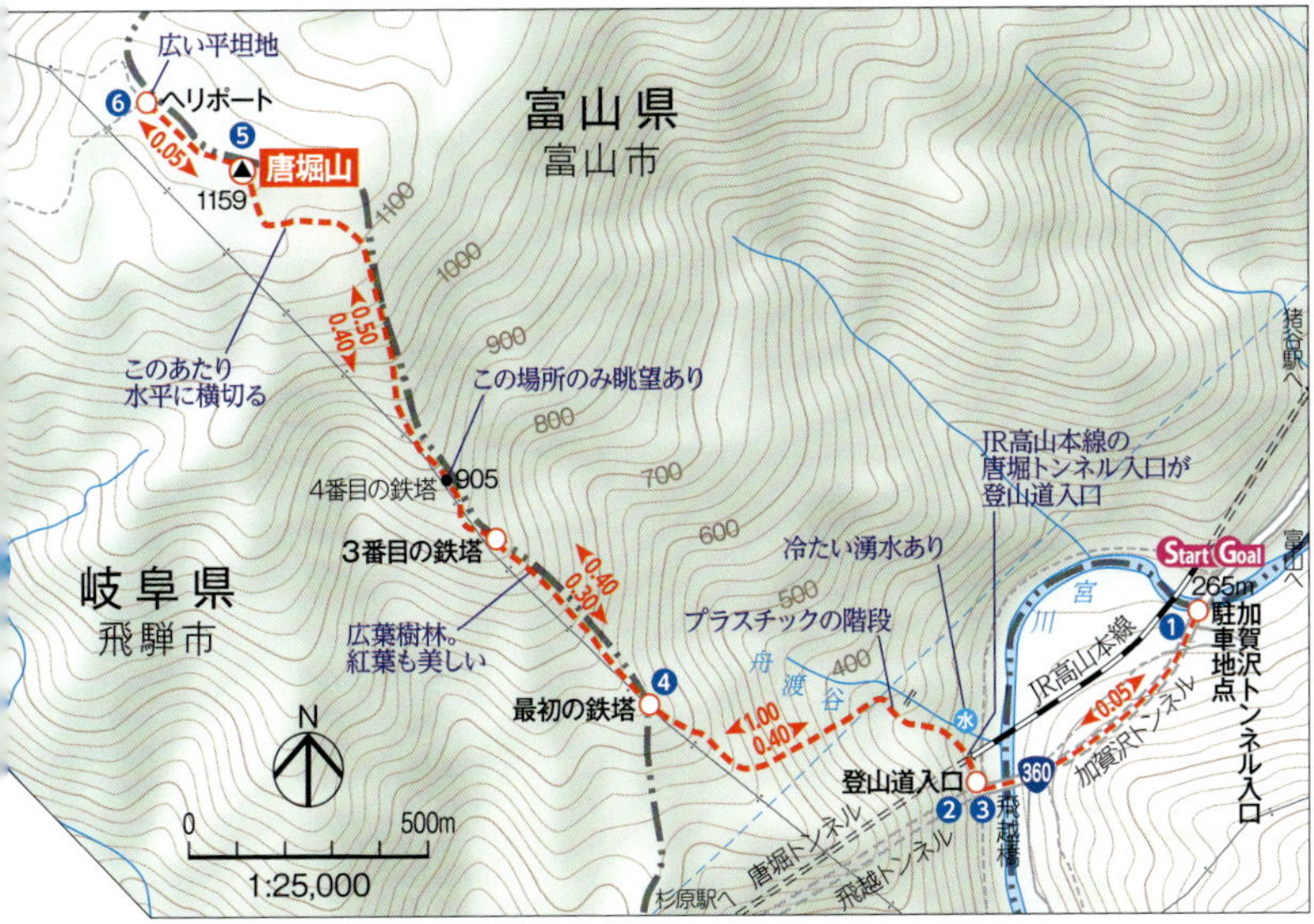

CHECK POINT

マイカーの場合は、加賀沢トンネル手前に駐車。トンネルを通って登山口に向かう

加賀沢トンネルと飛越トンネルの間で鉄扉を開け、階段を下るとJR高山本線唐掘トンネル入口の登山口だ

唐掘トンネル入口の登山口。舟渡川沿いに進み、山腹に取り付くと急坂となって最初の鉄塔へ

最初の鉄塔。標高650メートルを越えたあたりで、急傾斜の道を残り3つの鉄塔を経て登っていく

唐堀山山頂の3等三角点。木立に囲まれていて、三角点からの展望は得られない

頂上三角点の先200メートルのところにある唐堀山山頂ヘリポート。休憩がてら、周囲の山々の展望を楽しもう

46

男峰・女峰が並んでいる双耳峰

夫婦山

めおとやま

784m

日帰り

歩行時間＝2時間20分
歩行距離＝4・0㎞

技術度

体力度

コース定数＝**10**

標高差＝329m

累積標高差 ↗ 429m ↘ 429m

小井波に咲くミズバショウと桜。背後は男峰（左）と女峰（右）

夫婦山の登山口は小井波《こいなみ》からと東松瀬《ひがしまつせ》からの両方にある。所要時間、登りやすさはどちらも同じであるが、まずは山容が美しく眺められる小井波登山口から登ってみよう。

小井波のミズバショウ群生地の正面からは、夫婦山の2つの峰がきれいに並んで見える。八尾《やつお》の山ふところに抱かれた多くの集落は離村者が続いた。広い道路が開通し、田んぼが基盤整備で広くなったにもかかわらず、離村して人家が一軒もなくなった小井波も例外ではない。

別荘《べっそう》川を渡り、養豚場の横をすぎて、林道に入ると、**夫婦山登山口**の標識がある。杉木立の暗い道を進む。分岐点には道標も立っており、急登の杉林の道が続くが、手入れされていて歩きやすい。

松瀬峠に出ると、パッと展望が開ける。余裕のあるうちに猛々しい男峰から登るか足慣らしに緩やかな女峰から登るか迷うところだが、松瀬峠の十字路でひと休みして、まず右側の尾根をたどって女峰へ行こう。穏やかに、のびやかに登るが、**女峰**山頂からの展望はない。

松瀬峠に戻って、いよいよ男峰である。いきなり急な登りで、中腹からは大岩が続く。巨大な岩壁が現れたら、あわてずに踏跡を探

■鉄道・バス
往路・復路＝公共交通機関を利用しての登山は難しい。マイカーを利用する登山者がほとんど。

■マイカー
小井波コースは、富山市八尾町の市街地へ入る手前の久婦須川に沿って進み、桐谷で桐谷橋を渡る。小井波峠を下り、ミズバショウの群生地をすぎ、別荘川を渡り養豚場の横をすぎたところが登山口。松瀬コースは、富山市八尾町市街地の西端から野積川に沿ってさかのぼり、最終集落の東松瀬に着く。神社の前に駐車場がある。

■登山適期
4月中旬～11月。小井波のミズバショウの開花は4月中旬。夫婦山上部は自然林で、新緑と紅葉期のどちらも美しい。

■アドバイス
▽小井波には、小倉百人一首の「奥山に紅葉ふみわけ鳴く鹿の　声聞くときぞ秋は悲しき」で有名な猿丸太夫の塚がある。晩年、ここに庵を結び、世を終えたという。
▽帰途、久婦須川ダムのダム湖（桐谷湖）を見に行こう。里山公園として整備されたもので、舗装道路がダム湖を一周している。
▽入浴施設は八尾ゆめの森のゆうゆう館（☎076・454・3330）がある。

す。岩壁北側の裾を巻くようにルートがある。固定ロープを伝って、稜線に出たところに展望岩がある。穏やかに寝そべる女峰が手にとるように見える。

傾斜が緩やかになると**男峰**山頂である。実に展望がよい。すぐ目の前に祖父《そふ》岳《だけ》が見え、戸田《とだ》峰《みね》、白木峰《しらきみね》も近くに見える。さらに薬師岳《やくしだけ》、雄《お》山《やま》、剱岳《つるぎだけ》も遠望できる。石に刻まれた方位盤もある。

下山は松瀬峠から往路を戻る。

もうひとつの松瀬コースは、東松瀬集落の神社から作業路を進む。案内板が設置されており、水場もある。南斜面で明るく気持ちよく登ることができる。こちらも松瀬峠までは1時間10分くらいをみるとよい。

■問合わせ
富山市八尾行政サービスセンター☎076・454・3111
■2万5000分ノ1地形図
八尾

CHECK POINT

1 夫婦山登山口から暗い杉林を歩きはじめる

2 小井波と松瀬を結ぶ生活道路だった十字路の松瀬峠

3 夫婦山・女峰山頂。展望はよくない

4 仰ぎ見るような巨大な岩壁が突然現れる

5 足もとが切れ落ちている展望岩

6 展望岩からは足もとに気をつけて下っていく

7 女峰は展望がないが、男峰からは四周を見わたせる

8 特に濡れているときは慎重に下っていこう

9 東松瀬コース登山口近くにある松瀬峠を示す指導標

47

祖父岳

そふだけ
832m

標高は低いが展望がよく、その上スリリングな稜線歩き

日帰り

歩行時間＝3時間10分
歩行距離＝4.0km

技術度
体力度

コース定数＝12
標高差＝274m
累積標高差 480m 480m

白木峰《しらきみね》から北へのびる稜線は、緩やかな起伏を経て野積《のづみ》川へ落ちるが、その末端の隆起が祖父岳である。2万5000分の1地形図の「利賀《とが》」を開くと、右上隅で等高線が丸く混み合っている。1000㍍に満たない小さな山だが、釣鐘のような形の、目立つ山容である。

「祖父岳登山口」の標識がある**谷《たに》折《おり》登山口**付近は、上部から崩れてきた凝灰岩の大岩がゴロゴロしている。いきなりの急登である。ロープが多数設置されている。

道はよく踏まれ、手入れされている。山腹をしばらく登って尾根に出る。尾根は露岩と木の根が交互に現れる急傾斜だが、足もとは安定しており、急なわりには登りやすい。尾根がやせて、左側の切れ落ちたところもある。

やがて尾根は右に曲がる。このあたりで傾斜が緩くなり、幹周り10㍍もあろうかという大きな杉が1本立っている。その先はもう山

登山口の少し上部から見上げる祖父岳

山頂直下にある巨大な杉の木

登山口近くの神社境内にあるイチイの巨木

■鉄道・バス

往路・復路＝JR越中八尾駅前から西松瀬行きのコミュニティバスに乗り、旧広畑小学校前下車。徒歩1時間で谷折。

■マイカー

越中「八尾おわら」で有名な八尾町のはずれから野積川沿いの道をさかのぼり、八十島で右に南砺市利賀への道を分けるが、直進して橋を渡り、右岸を進む。東布谷で橋を渡り、布谷からは谷折川に沿ったうっそうとした狭い道を行く。やがて明るくなり、左側の谷折橋を渡る。

■登山適期

4月～11月下旬。祖父岳は急峻な山で、登山コースには多くの雪を止めないので、谷折までの長い道を歩く気になれば3月中旬からも可能。全山、雑木林で紅葉のころが美しい。

■アドバイス

▽谷折はかつて5戸の集落だったが、今は1戸だけで、竹原家が祖父岳を守っている。

▽竹原家の横に神社があり、大きなイチイの木がある。八尾の天然記念物で、その名称を「谷折の一位」という。

▽祖父岳トンネル（全長525㍍）は照明あり。2017年6月から供用開始。このトンネルができたので、谷折登山口から登って桂原登山口へ下る周遊コースがとれるようになっ

頂である。標高差300メートルをいっきに登るが、気持ちがよく、登ったという充足感が味わえる。

祖父岳山頂は刈り開かれていて、景観がよい。富山平野はもちろん、遠くに能登《のと》半島も見える。すぐ目の前に夫婦山《めおとやま》があり、松瀬《まつせ》峠の上には立山《たてやま》連峰も望める。また、峠の下方にはのどかな松瀬の集落が見える。

山頂からは南へ向かって稜線を下り、新たに整備された桂原《かつらはら》へのコースをたどろう。はじめはかなりな急坂だ。斜度が落ち着いたところで、奇岩が現れたり、大岩の間をすり抜けたり、登山道の両側が切れ落ちていたりと、スリリングで楽しい稜線である。ロープがしっかりと張られている。

標高735メートル地点で、左側の杉林に入る。ジグザグの急坂と緩傾斜帯を下っていくと標高600メートルの**桂原登山道入口**に出る。車数台は停められるように整備されている。そこから約200メートル先に祖父岳トンネルの入口がある。トンネルを抜けて出発点の**谷折登山口**に戻る。

た。冬期は通行止め。

■問合せ先
富山市八尾行政サービスセンター（コミュニティバスも）☎076・454・3111
■2万5000分ノ1地形図
利賀・山田温泉・八尾

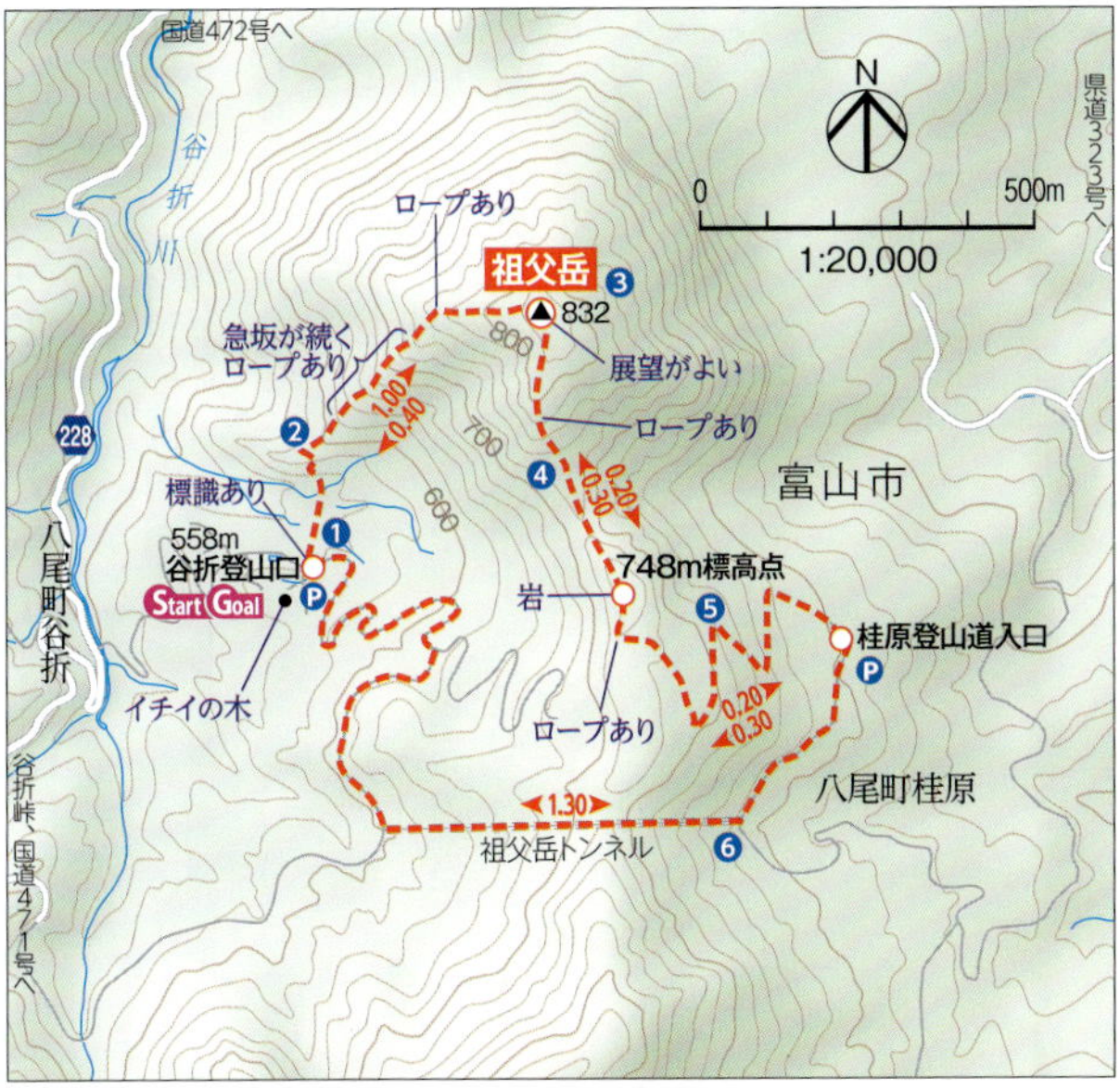

CHECK POINT

駐車場から歩きはじめ。見上げる祖父岳

登りはじめからの急登。ロープが各所に設置されている。足もとに注意して登っていこう

登り着いた祖父岳山頂は刈り開かれており、周辺の山々や、富山平野、能登半島が見わたせる

桂原コースの上部にはサザエのような奇岩が突上げているのが見られる

急斜面が続くが道は手入れがされていて、要所に案内標識も設置されている

桂原登山口からは、運用が開始された祖父岳トンネルを通って出発点の谷折登山口に戻る

48

初夏にはお花畑が広がり、秋には草紅葉が美しい県境の山

白木峰・小白木峰

しらきみね（しろきみね）　1596m
こしらきみね　1436m

日帰り

歩行時間＝5時間40分
歩行距離＝9・5km

技術度
体力度

コース定数＝21
標高差＝296m
累積標高差　738m　738m

白木峰は、山容が穏やかで、ゆったりとした高原状であり、山上に広がるお花畑は、初夏から盛夏にかけて色とりどりの美しい花を咲かせ、楽しませてくれる。7月のニッコウキスゲの開花時には山頂一帯が黄橙色に染まる。そして、夏のみならず、10月上旬の紅葉もみごとである。

一帯は白木水無《しらきみずなし》県立自然公園に指定されており、キャンプ場などが整備され、山頂近くまで車道があるので、シーズンには幅広い層の人々が訪れる。

八尾《やつお》から大長谷《おおながたに》沿いに進み、最後の集落、庵谷《いおりだに》の先で「21世紀の森」と名づけられた森林公園への道に入る。キャンプ場や森林学習館を通り抜けて、ぐんぐん高度を上げると、1300㍍地点に駐車場とトイレがある。

ここが**登山口**で、尾根上の登山道に入る。いったん車道を横切ると、その後は狭く急傾斜だが、気持ちのよい明るい稜線である。

広々とした風衝草原に木道がのびる

ワタスゲが彩りを添える浮島のある池塘

ニッコウキスゲがみごとな稜線の道

■鉄道・バス

往路・復路＝公共交通機関を利用しての登山は難しい。マイカーを利用した方が無難だろう。

■マイカー

八尾町から国道471号を大長谷沿いに進み、最後の集落、庵谷の先で「21世紀の森」への道に入る。キャンプ場や森林学習館を道なりに進み、1300㍍地点に駐車場がある。

■登山適期

5月下旬〜11月上旬。林道の雪が消えるのは5月下旬ごろだが、林道の開通を確かめてからにしよう。ニッコウキスゲの開花は年によって異なるが、7月20日前後が最も美しい。

■アドバイス

▽白木峰へ花を見に行くだけなら、浮島まで往復しても2時間あまり。ニッコウキスゲ開花期には多くの人が訪れる。最盛期は林道が車で埋まり、動きがとれなくなることがある。

▽小白木峰から県境近くの取水口のある赤い橋までは50分くらいで下ることができるので、車を回送できれば便利。

▽白木峰避難小屋はバイオトイレのある無人の無料休憩所。

▽杉ヶ平キャンプ場一帯は、「富山県21世紀の森」である。

▽通常1300㍍の駐車場からの登りだが、キャンプ場からのコースも整備されている。白木峰山頂まで約

白木峰山頂には、ベンチや方位盤が設けられている。ここから北側一帯がお花畑で、標高1500メートルをわずかに超える山に広い草原が広がり、感動的な眺めである。

木道があり、途中左側に下っている道は白木峰避難小屋へ行く。また、北端の**浮島のある池塘**付近で右に分岐する道は、前白木峰を経て万波《まんなみ》に通じるものである。

白木峰山頂の景観を楽しんだら、小白木峰へ足をのばそう。**白木峰**山頂の南側の太子堂から下って小白木峰への道に入る。

小さな起伏を越えると、鏡餅のような形の**小白木峰**山頂に立つ。樹木の丈が低いので視界がよい。南側に草原があり、大きな池塘が水を湛えている。池に映る金剛堂《こんごうどう》山《さん》が絵のように美しい。

帰路は来た道を戻る。

3時間。
▽入浴は大長谷温泉（☎076・458・1008）がある。
■問合せ先
富山市八尾行政サービスセンター☎076・454・3111
■2万5000分ノ1地形図
白木峰・利賀

CHECK POINT

1 登りはじめの尾根の登山道は短いが急な坂道だ

2 車道に出る手前は小石や砂で不安定な道。要注意

3 車道を横切ったら案内にしたがって登山道へ

4 白木峰山頂。ベンチや方位盤、高山植物の案内看板もある

5 白木峰山頂の南側の太子堂から小白木峰への道に入る

6 小白木峰山頂。ササや風衝低木の上から展望が広がる

前金剛から風衝草原が続く中金剛を望む

49

しとやかな風衝草原に歴史を刻む山

金剛堂山

こんごうどうさん
1650m（中金剛）

日帰り

歩行時間＝6時間
歩行距離＝18・5km

技術度

体力度

コース定数＝**30**
標高差＝872m
累積標高差 ↗1299m ↘1299m

金剛堂山とは加賀《かが》藩の名で、富山藩では「西白木峰《にししらきみね》」と称し、昔から名山として知られていた。

百瀬《ももせ》川最奥の集落、上百瀬《かみももせ》から少し行ったところに**栃谷《とちたに》登山口**がある。案内板と避難小屋（トイレ）があり、沢水を引いた水場が設けられている。

百瀬川を渡って栃谷沿いに登る。サワグルミやトチのうっそうとした林を行くが、まもなく沢を離れ、尾根に出る。幅広の道をジグザグに登っていく。途中1キロごとにある標識が目安となる。尾根はまばらに生えたブナ林で明るい。

↑栃谷登山口への入口、上百瀬から見る前金剛

↑登山口の休憩所

1346メートルのピークに出ると、正面に山頂が見える。ここから50メートル下り、次の1451メートルのピークを越えるとブナの樹林がなくなり、ネマガリダケになって、ほどなく**金剛堂山**山頂である。前金剛ともよばれるこの山頂には、1等三角点と祠があり、祠には藤原義勝の神鏡が祀られている。展望がよく、間近に見える白木峰《しらきみね》をはじめ、立《たて》山《やま》連峰、白山《はくさん》、乗鞍岳《のりくらだけ》などがよく見わたせる。南にゆったりとした草原が連なり、中金《なかこん》剛《ごう》、奥金剛《おくこんごう》と続いている。

中金剛には、「飛騨信濃木曾の峰々みな見えて西はのこさぬ白木やまかな」と刻まれた歌碑がある。富山藩10代藩主、前田利保公が、西白木峰（金剛堂山）に登った時の歌だ

■**鉄道・バス**
往路・復路＝JR八尾駅から南砺市営バスで約1時間、利賀まで入れる。1日2便。マイカー利用が一般的。

■**マイカー**
八尾町から国道471、472号を通り利賀に入る。旧スノーバレー利賀スキー場をすぎて上百瀬、栃谷登山口へ。

■**登山適期**
6月中旬～10月下旬。豪雪地帯であり、金剛堂山の雪が消えるのは遅く、登山は6月中旬以降。

■**アドバイス**
▽最高地点は中金剛だが、祠のある前金剛を金剛堂山としている。
▽帰路の長い林道歩きに自信がない場合、栃谷登山口から前金剛までの往復とするか、奥金剛まで足をのばし栃谷口に引き返す、または、東俣峠に車を回送する。また、東俣峠まで車で入り、南側の尾根を往復すれば高度差も少なく、容易である。
▽利賀には民宿が多いので公共交通機関を使って、前泊もよい。
▽上百瀬には利賀国際キャンプ場や利賀芸術公園では利賀でしか見られない舞台などが上演されている。
▽入浴施設は天竺温泉の郷（☎0763・68・8400）がある。

■**問合せ先**
南砺市役所☎0763・23・2003、利賀国際キャンプ場☎0763・68

という。歌碑の南側のピークが**中金剛**で、この先の**奥金剛**を加えて、金剛堂山3つのピークの最高峰である。

この山の特徴は、風衝草原だろう。前金剛から奥金剛（1616メートル）にかけて、稜線には高い樹木がなく、草原が続く。県内の標高1500メートル前後の山では、樹木が茂ったり、やぶが深かったりすることが多いが、冬の積雪と風の影響により、ここには広々とした草原が発達している。ところどころに池塘があり、湿性の植物も見られる。この穏やかな草原は、東俣《ひがしまた》登山道入口近くまで続く。

ブナ林となって10分ほどで「**東俣登山道入口**」の標柱のある林道に出る。このあと、荒れた林道を歩いて**東俣峠**に出る。峠の広場には休憩所がある。

ここから東俣谷に沿って下り、百瀬川沿いの林道を約8キロ歩いて出発地点の**栃谷登山口**に戻る。単調な林道も紅葉のシーズンには眼前に広がる錦秋の山々を眺めながら歩けば楽しい。

・2556

■2万5000分ノ1地形図
白木峰

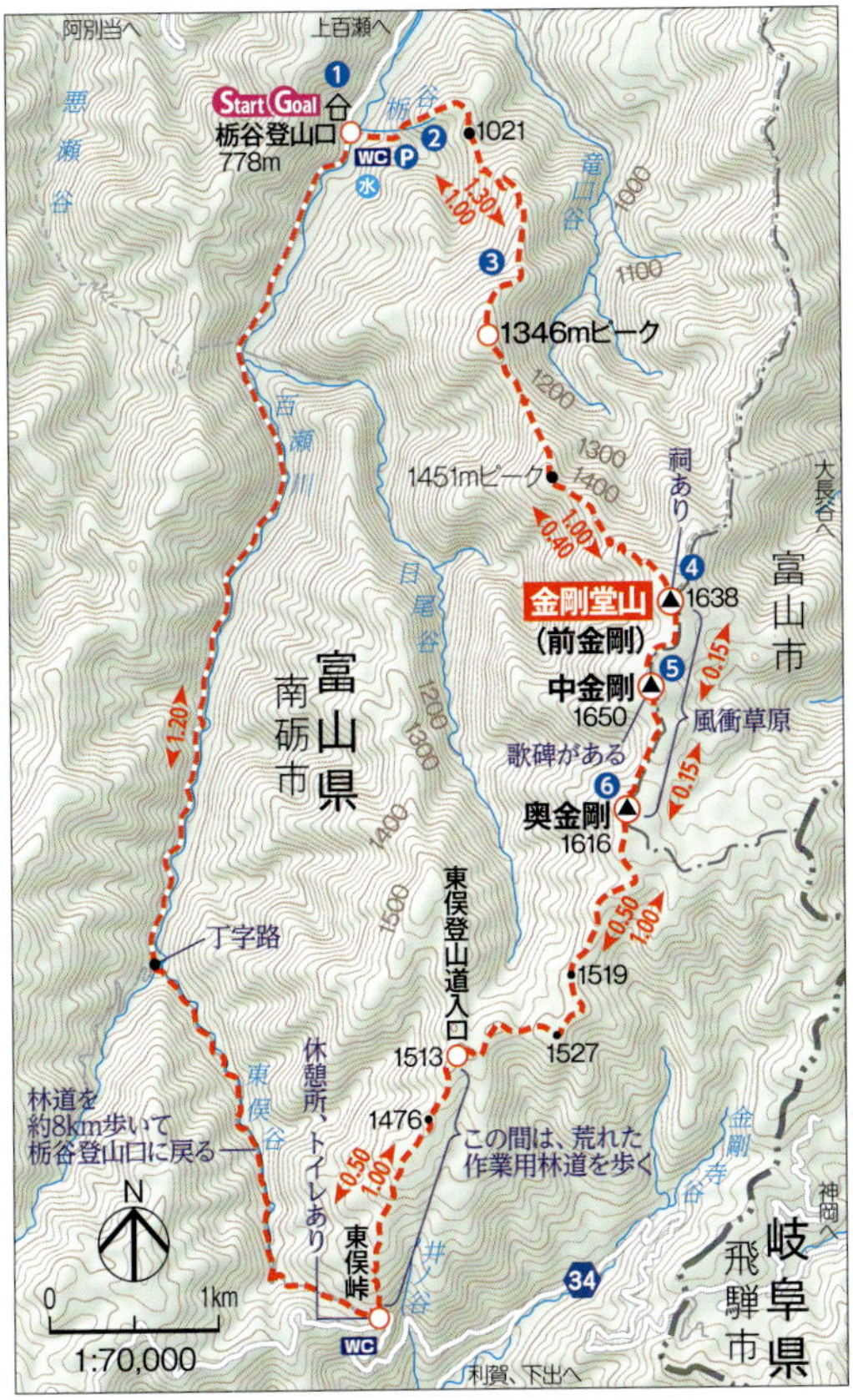

CHECK POINT

栃谷登山口からは百瀬川を渡り、栃谷沿いに登る

登りはじめはうっそうとした林を行く

沢を離れたらブナの原生林を行く。新緑や紅葉が美しい森だ

前金剛ともよばれる金剛堂山山頂。360度の展望が広がる

前田の家紋が入った歌碑がある中金剛。金剛堂山の最高峰

風衝草原の中に利賀川水源を示す奥金剛の標柱が立っている

50

春は陽光を、秋は落葉を浴びてハイキング

牛岳

うしだけ
987m（三角点峰）

日帰り

歩行時間＝3時間20分
歩行距離＝7・3km

技術度

体力度

北側に対峙する八乙女山から見た牛岳

富山県西部の中央に位置し、砺《と》波《なみ》平野から見ると牛が座っているように大きく見える山が牛岳だ。

古来、大国主命が牛に乗って登った山であることから、「主の山」「主岳」で、「牛岳」となった（山田村史）ともいわれている。

鍋谷ブナ林を抜けて二本杉へ下っていく

牛岳といえば牛岳温泉スキー場がなじみ深いが、1000㍍に満たない山でありながら、富山市や砺波市からはいちばん近く、県内外から年間に約5000人もの登山者を迎え入れている身近な山だ。

中部北陸自然歩道として整備されている牛岳温泉スキー場コースは、二本杉の駐車場からわずか40分程度で手軽に頂上に達することができる。ここではふるさと歩道として整備されている小牧堰堤コースを歩いてみよう。

小牧の手前で国道156号から国道471号に入り、湯谷川沿いの林道を1・3㌔ほど進む。大きな看板と「牛嶽大明神」の石碑が**登山口**の目印だ。

登りはじめは杉林で、五合目の標識あたりからは自然林となり、広葉樹の気持ちのよい林を行く。

コース定数＝16	
標高差＝592m	
累積標高差	↗734m
	↘734m

■鉄道・バス
往路・復路＝公共交通機関を利用しての登山は難しい。マイカー利用をおすすめする。

■マイカー
小牧ダムの先から、湯谷川に沿って進む。広域基幹林道が牛岳ふるさと歩道を4回横断している。小牧の国道分岐点から約4・5㌔の地点に大きな案内板があり、車は路肩に停めることができる。

■登山適期
4月中旬～11月中旬。春の新緑から秋の紅葉まで。冬はかつてのユートピアゲレンデから山スキーまたはカンジキで登ることもできる。

■アドバイス
▽牛岳温泉スキーコースは中部北陸自然歩道として整備されている。このコースには富山市こどもの村や牛岳パノラマオートキャンプ場きららなどがある。
▽小牧堰堤コースはふるさと歩道として整備されている。いずれも標識は整備されている。
▽三段ノ滝へは標識にしたがい杉林を下って川原から滝の全貌を眺めることができる。このほか展望台から湯谷川へのコースを下りると、3つの支流からそれぞれ一本滝、男滝、女滝が落ちこんでいるのを眺めることができる。
▽牛岳温泉健康センター（☎076

六合目には赤錆びた鉄製のベンチがある。ここから山腹を横切っていく道となり、ほぼ一定の緩い傾斜で登っていく。

視界が開けると、突然、「牛嶽大明神」の標柱と御影石の祠のある**牛岳**山頂に出る。展望はよく、富山平野を中心に立山《たてやま》連峰から能登《のと》半島までが一望できる。牛岳の最高地点には**2等三角点**がある。

下山は三段ノ滝に回ろう。鍋谷《なべたに》ブナ林を経てあずまやの休憩所がある**二本杉**まで下り、ここから西側の杉林に入る。左側へ山腹をからむようにして進むと正面に**三段ノ滝**が見えてくる。

ほどなく舗装林道に出ると、コンクリートづくりのふるさと歩道展望台がある。あとは舗装された林道を**登山口**に戻る。

CHECK POINT

① 小牧側登山道入口には大きな看板が立っていてすぐにわかる。車は路肩に駐車できる

② ベンチと標柱が立っている六合目。地獄谷、鎮座辻など、随所で標柱が道案内をしてくれる

③ 登り着いた牛岳山頂にはりっぱな社殿の牛嶽神社が鎮座している。山旅の安全を祈願していこう

④ 牛岳スキー場コースの登山口にあたる二本杉。あずまやがあるので休んでいくとよい

⑤ 下山途中にある三段ノ滝。水量の多い春に訪れると迫力ある滝の様相を見ることができる

⑥ 牛岳トンネルの西詰に建つりっぱなふるさと歩道展望台。ここから舗装林道を登山口に引き返す

・457・2131）で入浴可。

■**問合せ先**
富山市山田中核型地区センター☎076・457・2111、砺波市庄川支所☎0763・82・1901、牛岳温泉スキー場☎076・457・2044

■**2万5000分ノ1地形図**
山田温泉

51

500年の歴史を刻む道宗道が復活

赤祖父山

あかそふやま
1033m（扇山）

日帰り

歩行時間＝4時間50分
歩行距離＝4・8km

技術度
体力度

コース定数＝**19**
標高差＝587m
累積標高差 ↗799m ↘799m

赤祖父池越しに見る赤祖父山（右）と丸山（左）の山並み

展望峰から牛岳（左奥）と八巻山（中央前）

赤祖父川の上流一帯は広く赤祖父山とよばれている。その最高地点が扇山《おうぎやま》である。赤祖父山のブナ林は「水持ち林」として守られてきたので、人里に近いところなのに原生林となっている。山中には県内唯一のフクジュソウの自生地があり、オオミスソウ（ユキワリソウ）も群生する。

丸山《まるやま》から南へ林道を200㍍ほど進んだところが**登山口**である。崩壊した斜面を巻いて杉林に入っていく。しばらくすると小さな尾根上の道になり、杉の植林地を登る。いったん作業用の林道に出合うが、そのまま進んでいくと、やがて**主稜線の分岐**に出る。左手は大寺山《おおでらやま》へ、右は扇山である。右に進むとすぐに深いブナの森になる。春はブナ林にユキツバキが咲く。

扇山は最高地点だが、展望がない。さらに南へ進んで、地形図で**赤祖父山**となっているあたりに分岐があり、主稜線から10分ほど南東へ入ると**展望峰**に出る。実に見晴らしがよい場所だ。

下山は、本稿では往路を戻る設定にしているが、稜線の山道は各峠で下の林道とつながっているので、赤祖父山から稜線を進み、新《あら》山《やま》峠から新山峠口へ下るか、杉《すぎ》尾《お》峠を経て梨木平《なしきだいら》に下ることもできる。新山峠口は草がひどく歩きにくいが、梨木平には現在栽培され

■鉄道・バス
往路・復路＝公共交通機関を利用しての登山は難しい。マイカー利用をおすすめする。

■マイカー
東海北陸自動車道福光ICからトナミロイヤルゴルフ倶楽部の看板にしたがって進み、赤祖父湖に出る。東に向かって池から2・7㌔で林道赤祖父線に出る。この右側に砺波平野の散居村を望む展望台がある丸山とよばれる小高いピークがある。

■登山適期
5月中旬～10月下旬。フクジュソウの開花は3月下旬から4月上旬だが、この時期は上部に雪が多く残る。

■アドバイス
▽クマ対策は必須。
▽フクジュソウの自生地へは、登山口からさらに南へ進んだ小さな沢が登り口。フクジュソウの自生地は珍しく、県の天然記念物に指定されている。貴重な自生地を守るためにも、決して持ち帰らない、荒らさないという当たり前のことを守りたい。
▽八乙女山一帯（標高800㍍）にかけオオミスミソウ（ユキワリソウ）が群生している。
▽赤祖父湖は、赤祖父川源流のブナ林から流れ出る水を貯えた灌漑用の池で、周囲約3㌔。春には桜が美しい。
▽「道宗道トレイルラン大会」が毎

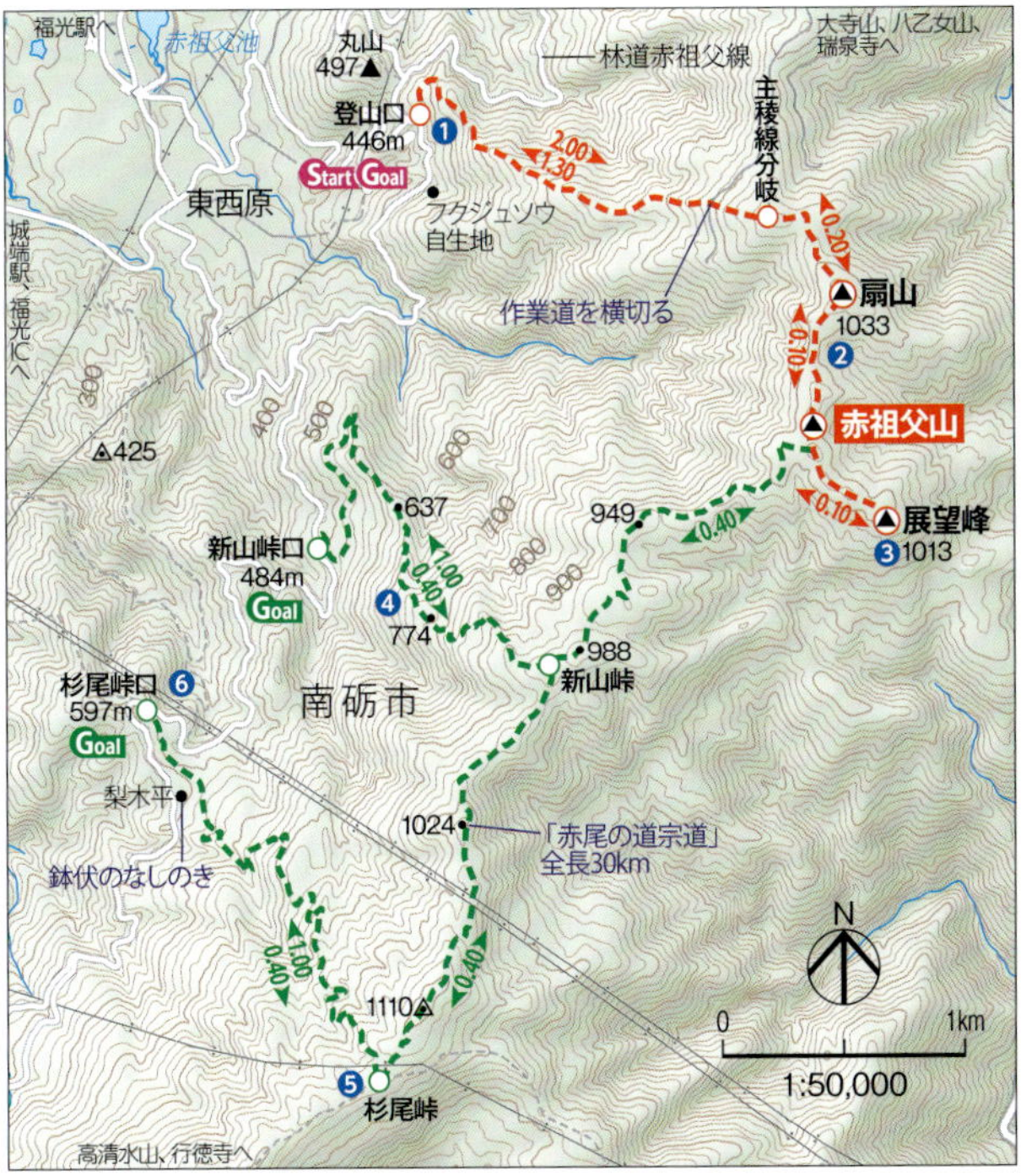

標高800メートル付近で見たオオミスミソウ

県内で唯一自生するフクジュソウ

ている梨の原種とされる野生の梨の巨樹、「富山県指定、天然記念物、鉢伏のなしのき」がある。ただし、いずれにしても林道を新山峠口は約2・4キロ、杉尾峠口は約5・2キロを駐車地点まで歩いて戻らなければならない。

ところで稜線には「赤尾《あかお》の道宗《どうしゅう》道《みち》」とよばれる古道があった。500年ほど前、上平《かみたいら》、西赤尾《にしあかお》の行徳寺を開基した僧・道宗が、井《い》波《なみ》の瑞泉寺へ通った歴史の道で、昔は11の集落から人が出て手入れしていたという。いつのまにか雑木で通れなくなっていたが、南砺《なんと》市内の山岳関係者による「道宗道の会」が、行徳寺から瑞泉寺にいたる30キロの古道を復活させた。年行われている。

また、たいらスキー場から高落《たかおち》場《ば》山《やま》～高清《たかし》水《みず》山～赤祖父山～八乙《やおと》女《め》山《やま》と続く稜線を、何回かに分けて歩くこともできる。

▽入浴施設はゆ～ゆうランド・花椿（☎0763・64・2288）がある。

■問合せ先
南砺市役所☎0763・23・2003
■2万5000分ノ1地形図
城端・下梨

CHECK POINT

1 林道赤祖父線登山口。丸太の階段登りからスタートする

2 赤祖父山のブナ林を登っていく。途中には大木も見られる

3 展望峰に立つと、周囲360度の大展望が広がる

4 巨大な五本大杉の前を通っていく

5 熊に噛られた標柱が立つ杉尾峠。周囲はブナの林が続く

6 杉尾峠口近くにある県指定天然記念物のナシの木

52

高落場山

旧五箇山街道の唐木峠から登るブナ林が美しい山

たかおちばやま
1122m

日帰り

歩行時間＝4時間45分
歩行距離＝4・8km

技術度

体力度

コース定数＝**19**

標高差＝587m

累積標高差 870m 870m

縄ヶ池のミズバショウ。県指定の天然記念物だ

庄《しょう》川と砺波《となみ》平野を区切っているのが高清水《たかしみず》山系で、北端の八乙女山《やおとめやま》から大寺山《おおでらやま》、赤祖父山《あかそふやま》としだいに高度を上げている。

平成21年に山深い五箇山《ごかやま》にある行徳寺《ぎょうとくじ》から、木彫りの里・井波《いなみ》にある瑞泉寺《ずいせんじ》までの30キロあまりの古道「道宗道《どうしゅうみち》」が、地元の有志たちの手により復元された。500年あまり前、「月に一度は御開山様の御座候所へ参るべし」と上平《かみたいら》・西赤尾《にしあかお》の行徳寺を開基した道宗が瑞泉寺に通い続けたという山道だ。

高坪山から見る高落場山（左）と高清水山（右）

縄ヶ池展望広場からの展望

高落場山はそんなはるかな時の流れを感じることのできる静かな山である。

若杉《わかすぎ》集落跡が実質的な**登山口**である。唐木《からき》峠への旧五箇山街道なので、ところどころに残る石畳の道が歴史を感じさせる。

やがて、**唐木峠**に出て、朴《ほう》峠へ向かう中部北陸自然歩道と分かれ、左側の尾根にある登山道に入る。しっかりした歩きやすい道で、右側は杉の植林地、左側は

■鉄道・バス
往路・復路＝公共交通機関を利用しての登山は難しい。マイカーを利用した方が無難だろう。

■マイカー
東海北陸道自動車道福光ICで降りて、国道304号に入る。縄ヶ池への標識に導かれて林道高清水線に入る。林道の途中、丸太造りのあずまやの先、若杉集落跡の石碑周辺に駐車できる。

■登山適期
5月初旬～10月下旬。縄ヶ池のミズバショウの開花は5月中旬ごろ。夫婦滝は上部に残雪が残るころは水量が多く迫力がある。大滝山ブナ林の紅葉は10月中旬ごろ。

■アドバイス
▽夫婦滝の源流一帯のブナ林を大滝山という。「水持ち林」として禁伐の掟に守られたため、巨木が多い。
▽林道高清水線は、5月上旬、ミズバショウの開花に合わせて開通する。冬の林道はクロカンスキーのツーリングによい。
▽縄ヶ池は、標高850メートルにあり、周囲約2キロ。この池の南側には、県の天然記念物指定となったミズバショウの大群落がある。
▽つくばね森林公園には、バンガローやキャンプ場が整備されている。
▽このあたりはクマの出没が多いのでクマ対策は必須。

ブナの自然林である。ブナの木の間越しに砺波平野散居村ののどかな風景が見える。

ブナの林を行くと、道は**三差路**になる。左は草沼山《くさぬまやま》方向で、高落場山へは右に行く。明るい尾根をたどると、200㍍くらいで**高落場山**に着く。展望は格別で、散居村の向こうに医王山《いおうぜん》が大きく広り、眼下には五箇山に通じる梨谷《なしだに》大橋と、その上にたいらスキー場が見える。その向こうに、奥美濃《おくみの》の山から白山《はくさん》国立公園一帯の山が眺められる。

下山は縄《なわ》ヶ池に回ろう。**三差路**まで戻り、尾根を北に下る。左側はブナの巨木がみごとな大滝山《おおたきやま》のブナ林。小さな起伏を経て、1081㍍の三角点のある**草沼山**に出る。ここからは**日溜峠下**《ひだまりとうげした》へ向かう道と、林道の途中に出る2つの道があるが、いずれも大差はない。

林道をたどって登山口へ戻るのはかなり長い道程だが、途中に見どころが多く、変化に富んでいる。ミズバショウで有名な**縄ヶ池**、**つくばね森林公園**、**夫婦滝**とめぐれば楽しい一日コースとなるだろう。

CHECK POINT

「旧五箇山街道朴峠道登山口」の標柱が立つ登山口

旧街道をほうふつさせる古い石畳道を行く

唐木峠。朴峠への道を見送って、左の高落場山方向へ

頂上直下の三差路。左は草沼山、高落場山へは右に行く

高落場山山頂。医王山や白山周辺の山々を望む

夫婦滝。新緑や紅葉期に訪れたい

▽たいらスキー場からのコースは、国道304号からたいらスキー場に入り、手前の駐車場から林道を進む。里橋を渡ると朴峠への登山口がある。ここから旧五箇山街道を進んで朴峠に到着。中部北陸自然歩道の案内板右横から尾根道へ。途中「南砺市のへそ」を経由して山頂にいたる。

■問合せ先

南砺市役所☎0763・23・2003、つくばね森林公園☎0763・62・2115

■2万5000分ノ1地形図

下梨

53

シャクナゲの群生が美しい台形の山容は袴の腰板を想わせる

袴腰山・三方山

はかまごしやま　１１６５m
さんぽうやま　１１４２m

日帰り

歩行時間＝４時間20分
歩行距離＝４・０km

技術度
体力度

コース定数＝**16**
標高差＝265m
累積標高差　↗703m　↘703m

桜ヶ池から見る台形状の袴腰山（左）と三方山（右橋）

「慇懃に月もかかるやはかまごし」松尾芭蕉の弟子、八十村路通がこう詠んだという袴腰山は、「礪《と》波《なみ》富《ふ》士《じ》」ともいわれ、袴の腰板に似た台形の山である。東海北陸自動車道の袴腰トンネルがこの山の真下を通っている。

峰越登山口《みねこし》は標高９００メートル地点で、大きな標識があり、車の駐車スペースも充分にある。ほどなく標高９８６メートル地点にある**袴腰小屋**に着く。これは城端《じょうはな》山岳会が建てた避難小屋で、床張り二段式のりっぱなものである。袴腰山が正面に見え、展望がよい。

　しばらく気持ちのよい稜線を歩くと、ネマガリダケの多い急斜面となる。いっきに約１７０メートル登りきると頂上台地に出る。分岐点で左に進むと**袴越山**で、さらに進むと池の平を眺める**展望地**がある。先の分岐点に戻り、展望櫓に登ろう。この櫓も城端山岳会が建てたもので、四方に解説版があり、目の前には三方山と猿《さる》ヶ山《やま》、その南側には大笠山《おおかさやま》、笈《おいずる》ヶ岳《たけ》、白山《はくさん》が望まれる。そして足もとはシャクナゲの群生地である。

　三方山へは櫓の横から西へのびる道をたどる。山頂台地の末端は

五箇山展望所からの展望

■鉄道・バス
往路・復路＝公共交通機関を利用しての登山は難しい。マイカーを利用した方が無難だろう。

■マイカー
城端から国道３０４号を南下し、五箇山トンネルの入口で右の人喰谷道路へ入る。細尾トンネルの手前から峰越林道に入る。

■登山適期
5月〜11月上旬。袴腰山頂のシャクナゲの見ごろは5月中旬。紅葉シーズンもよい。

■アドバイス
▽袴腰山の山開きは、シャクナゲの開花状況に合わせて5月下旬ごろ。
▽池ノ平登山口から登る場合は、小瀬（合掌家屋の羽場家＝県指定文化財）の前で林道が通行止めのため、舗装路を約4キロ歩くことになる。
▽小瀬と池ノ平の間に天然記念物イヌワシの営巣地があり、観察と保護が行われている。
▽東海北陸自動車道城端SAそばの桜ヶ池には全国規模のユースのクライミング大会が開催される日本屈指のクライミングウォールがある。問合せは桜ヶ池クライミングセンター（☎０７６３・62・８１２３）へ。
▽入浴は桜ヶ池クアガーデン（☎０７６３・62・８１８１）がある。

■問合せ先
南砺市役所☎０７６３・23・２００３

急な下りだ。固定ロープにつかまっての下降となる。下りきったところから分岐する道は送電線巡視路である。ここからしばらく杉林になる。1068㍍のピークを越すとやぶも低くなり、展望が開けてくる。最低鞍部が**鳥越**《とりごえ》**峠**だ。ここは風衝地帯で、ツゲやシャクナゲ、ナナカマドなども背が低く、腰くらいまでしかない。

この先は、ゆったりした広い尾根が続く、1104㍍ピークは展望がよい。三方山が近くなるとブナ林になる。**三方山**はブナの原生林に覆われ、どこがピークかわからないほど、広い頂である。

池ノ平へは三方山、送電線巡視路、袴腰山からと3本あるが、いずれも池の平の林道が閉鎖されているので舗装路を歩くことになり、帰路は往路を戻るのが無難だ。

■2万5000分ノ1地形図
下梨・上梨・湯涌・西赤尾

CHECK POINT

1 峰越林道の最奥にある峰越登山口

2 登山口から10分程度で袴腰小屋に着く

3 露岩の尾根を行く。足もとに注意したい

4 五箇山側展望地と展望櫓への分岐点

5 展望櫓に登ると360度の大展望が楽しめる

6 三方山へは明るい送電線の巡視路が続く

7 風衝地帯の鳥越峠。登山道脇にはシャクナゲやツゲ、ナナカマドが咲く

8 三方山近くのブナ林。密生してやや荒れ気味だ

9 三方山山頂の標柱。ブナに覆われた広い山頂だ

白山国立公園の隣でひっそりと奥深い山

猿ヶ山

さるがやま
1448m

日帰り

歩行時間＝4時間30分
歩行距離＝4・5km

技術度
体力度

コース定数	＝**16**
標高差	＝461m
累積標高差	591m（登り） 591m（下り）

↑登りはじめて2時間。展望が開け、大門山から白山国立公園に連なる山々が一望できる

←袴腰山から見た猿ヶ山

猿ヶ山は小矢部《おやべ》川と庄《しょう》川の分水嶺をなしている。2等三角点の山で、点名は「猿ヶ馬場」と記されている。ブナオ峠から大獅子《おおじし》山中腹のブナの原生林を経て猿ヶ山を目指すコースが一般的である。

国道156号で庄川を渡ると右側にブナオ峠への案内板があり、草《くさ》谷沿いの県道に入る。この道はかつて越中の秘境といわれた五箇山《ごかやま》でつくられた煙硝（黒色火薬）が年貢として密かに加賀《かが》藩へ運ばれた道といわれている。地理的条件が軍事機密の保持によかったのだろう。

登山口の**ブナオ峠**はその名の通り、一帯にブナの巨木が茂り、春と秋の美しさは格別である。峠には30台ほど駐車できる広場があ

■鉄道・バス
往路・復路＝高岡駅から加越能バス（高岡〜西赤尾）、西赤尾からタクシーの経路となるが、ブナオ峠テント泊となるので、おすすめできない。峠には水場もトイレもない。

■マイカー
五箇山ICを経て国道156号を西赤尾へ。県道福光上平線を約10㌔進んだブナオ峠が登山口。なお、峠から先は通行止め。

■登山適期
6〜11月。県道は冬期閉鎖されるので、道路情報の確認が必要。

■アドバイス
▽登山道はやぶが茂る。刈り払われていないと歩きにくい。1360㍍より上部の尾根道ではツバメオモト、イワカガミなどが見られる。
▽五箇山ICの近くに世界文化遺産菅沼合掌集落がある。

■問合せ先
南砺市役所☎0763・23・2003、加越能バス高岡営業所☎0766・22・4888、五箇山タクシー☎0763・66・2046

■2万5000分ノ1地形図
西赤尾

る。白山《はくさん》国立公園との境界にあたり、左手の大門山《だいもんやま》へは登山道も標識もしっかり整備されているが、猿ヶ山は有志の手入れに頼っている。右手前方の少々草が茂っているあたりに控えめな登山口標識がある。

登山道は大獅子山のブナ林を横切るように進む。まもなく左下に池が見える。山腹にしてはりっぱな大きさである。春はモリアオガエルの卵塊が目立つ。

大獅子山を巻き終わったあたりに、**青木兄弟の遭難碑**がある。少し前まではここから大獅子山に登るルートがあったが、やぶが茂って今はすすめられない。

遭難碑からは尾根道をたどる。ブナの間に大きなヒノキが距離を置いて現れ、ところどころで眺望が開ける。大門山や白山国立公園に連なる山々が見わたせる。

登り着いた**猿ヶ山**山頂は広い台地状になっている。切り開かれているが、視界はよくない。

下山は往路を戻る。

なお、山頂から北東へ向かう道は三方山《さんぽうやま》へのルートである。三方山へ縦走する場合は、袴腰山《はかまごしやま》の峰越《みねこし》峠あたりへ車の手配をしておくことになる。

CHECK POINT

ブナオ峠の広い駐車場。右手奥に目立たない登山口標柱がある

ブナオ峠駐車場の右手奥の登山口標柱から登りはじめる

大獅子山の山腹を行くブナ林。新緑や紅葉のころがおすすめ

大獅子山の山腹にある大きな池。モリアオガエルの池ともいう

500㍍ほどの距離を置いて3箇所ほど大きなヒノキが現れる

猿ヶ山山頂の標柱。灌木がじゃまをして展望はよくない

御世仏山から三ヶ辻山(左の鋭峰)と人形山(中央)を見る

相倉から眺める人形山。人形の雪形も見える

55

姉妹が手をつないだ雪形に哀愁の民話が残されている

人形山・三ヶ辻山

にんぎょうざん　1726m
みつがつじやま　1764m

日帰り

歩行時間＝7時間40分
歩行距離＝13・5km

技術度
体力度

コース定数＝31
標高差＝896m
累積標高差　↗1253m　↘1253m

人形山の山名は残雪期の雪形にまつわる民話による。登山口の田《た》向《むかい》に病気の老婆と2人の娘が住んでいた。姉妹は山頂の白山権現《はくさんごんげん》に母の回復を祈願しようと登ったが、吹雪に倒れ、春になって山肌に手をつないだ姉妹の雪形が現れたということが山名の由来になっている。**登山口**には「人形堂」とよばれる祠と「人形山まで6キロ」と書かれた標柱がある。水場もあるので充分に補充してから歩きはじめよう。

登山道は一本道であり、杉の植林地をすぎたところが**第一休憩地**（1218メートル）として刈り開かれている。ブナの巨木が連続する道を登ると、富山県一大きなドウダンツツジがある**第二休憩地**（1380メートル）に着く。樹木の背丈が低くなって視界が開けると、**宮屋敷跡**に出る。今は御神体が上梨《かみなし》に移され、鳥居だけが残っていて、「山頂まであと1・5キロ」という標識がある。

ここからはゆったりとした尾根コースになり、途中で巨大なダケカンバが地面をのたうつようにはっているところを通る。その後は、ゴゼンタチバナ、マイヅルソウ、アカモノなどが咲く展望のよい稜線の道となり、均整のとれた美し

■鉄道・バス
往路・復路＝公共交通機関を利用しての登山は難しい。マイカー利用がおすすめ。

■マイカー
五箇山観光の中心地、上梨で対岸の田向へ渡る。湯谷橋の手前で左折し、林道に入って川沿いに進んで、約2キロ先の分岐点で川を離れ、左側の尾根の道に入る。標高750メートルの中根平の先1キロで、あずまやと駐車場がある登山口に着く。

■登山適期
6～10月。人形山に雪形が現れるのは、その年の積雪量にもよるが、6月初旬ごろ。6月第1日曜の山開きには各地から参加者が集まる。

■アドバイス
▽林道の通行状況を確認して出かけること。▽世界遺産に登録された五箇山合掌造り集落（相倉・菅沼）を

い三ヶ辻山が目の前に見えてくる。最低鞍部から県境稜線に向かって山腹を登る。

稜線に出ると、県境の稜線、**梯《はし》子坂《ござか》乗越分岐点**に着く。右へ高原状の尾根をたどると、ニッコウキスゲ、イワカガミ、コバイケイソウ、ササユリなどが美しい。

小さなピークを2つ越えて**人形山**頂上に立つ。展望がよく、袴腰山《はかまごしやま》、三《さん》方山《ぼうやま》、猿《さる》ヶ山《やま》、大笠《おおかさ》山《やま》、笈《おいずる》ヶ岳《たけ》と県境の山々が手にとるように望まれる。

帰路、せっかくだから**三ヶ辻山**まで足をのばしていこう。**梯子坂乗越**から往復1時間弱の距離だ。紅葉の美しい山なので、秋が特におすすめ。

はじめ、こきりこの里上梨には国指定重要文化財村上家（合掌造り）、白山宮や流刑小屋など見どころが多い。
▽地元の特産品は、地酒三笑楽、五箇山豆腐、そば、五箇山和紙、民芸品のささらなど。
▽五箇山荘をはじめとして、民宿や旅館も多い。
▽温泉は五箇山荘（☎0763・66・2316）、くろば温泉（☎0763・67・3741）

■問合せ先
南砺市役所☎0763・23・2003、五箇山総合案内所☎0763・66・2468

■2万5000分ノ1地形図
上梨

CHECK POINT

人形堂の祠と登山口を示す標柱。「山頂まで6キロ」とある

宮屋敷跡の鳥居。かつて祀られていた白山宮の御神体は上梨に移された

県境稜線に出たところが梯子坂乗越。ここで人形山と三ヶ辻山に分かれる

人形山へは高原状の尾根が続き、展望も広がる楽しい道だ

方位盤と山頂標識が立つ人形山山頂。しばらく展望を楽しんでいこう

56

大笠山

おおかさやま

1822m

日帰り

桂湖から大きな標高差を登って豊かな自然林を堪能する

歩行時間＝9時間
歩行距離＝12・0㎞

技術度 体力度

コース定数	＝36
標高差	＝1217m
累積標高差	↗1549m ↘1549m

見越山から見た秋の大笠山

白山国立公園北端部、奈良岳、見越山、赤摩木古山を望む

大笠山は、石川県との県境にある山で、五箇山《ごかやま》の奥深くにそびえる。境《さかい》川ダムの完成で日帰り登山ができるようになったが、たっぷり1日かかる山である。

桂《かつら》橋のたもとが登山口で「登山道桂大笠山線」の標柱と登山届のポストが立っている。大笠山への登りは、大畠《おおはた》谷にかかる**吊橋**から歩くことになる。吊橋を渡ると、いきなり急な岩壁で鉄バシゴが5本、鎖場もある。見下ろすと、右側が境川の湖面で、足もとがスパッと切れ落ちている。これがフカバラノ尾根のはじまりである。

稜線についた登山道を忠実にたどる。道はよく手入れされており、高度をグングン上げる。ブナ林を1時間くらい行くと、左手に鏡岩《かがみいわ》とよばれる大きな一枚岩がある。さらに進むと幹の空洞に人が入るくらいの大ヒノキに出合う。続いて3等三角点のある**前笈《まえおいづる》ヶ岳《だけ》（天《あま》ノ又《また》）**とよばれる平に出る。正面にこれから登る大笠山が現れるが、まだ小ピークが3つもあり、このあ

■鉄道・バス
公共交通機関を利用しての登山は難しい。マイカー利用がおすすめ。

■マイカー
国道156号の楮（こうず）橋の手前で右折し、長いトンネルを抜けてダムサイトに出る。国道から約5㌔。車は桂湖ビジターセンターと桂橋を渡ったところに駐車できる。

■登山適期
6月中旬～10月上旬。6月上旬までは残雪の山。中旬以降に登山道の雪が消える。新緑もよく、紅葉もみごと。

■アドバイス
▽大笠山は長い尾根で、標高差も大きいので日帰りには前日に桂湖に入り、多目的広場でキャンプし早朝出発が理想的である。
▽桂湖から天ノ又へ登ると一山登ったような満足感と疲労感があるが、ここからは視界も雰囲気も良好になるので、もう一山、元気に登り続けることができる。
▽下りは往路を戻るが、天ノ又からの急な長い下りでは疲労が蓄積し、注意力が散漫になる。最後の下りでの転落事故がいちばん多い。登山口に着くまでは緊張感をもって充分に注意して歩きたい。
▽かつて桂集落の飲料水であった蓮如上人の湧水がダムサイトの小公園にある。

CHECK POINT

「登山道桂大笠山線」の標柱と登山届のボックス

大畠谷にかかる吊橋を渡る。前方にハシゴも見える

吊橋を渡ると、すぐに長い鉄バシゴを登る

急な岩壁には鎖場も続いている。足もとに注意

大きな空洞のある大ヒノキは格好の目印

六合目にあたる3等三角点の前笈ヶ岳（天ノ又）

山頂直下に造られた新しい避難小屋

1等三角点の大笠山山頂。展望を心ゆくまで楽しもう

たりを六合目と考えるとよい。

ブナの美しい原生林を下って、次のピークに進む。やがて尾根の南側を巻くように進むと、かつての**避難小屋跡**に出る。

再び急な登りとなり、その後丸太の階段を登りきると県境の稜線だ。**分岐点**を左に進むと2013年にできた新しい避難小屋を経て**大笠山**頂上に着く。1等三角点が置かれ、展望がよく、笈ヶ岳がすぐ南面に、そして白山《はくさん》に連なる山々が見える。

フカバラノ尾根は、標高約600㍍の登山口から1822㍍の山頂まで高度差1200㍍を登る。しかも上部は起伏のある稜線で、体力的にはきついが、美しいブナ林と展望のよい小ピーク群は、この山ならではのよさである。

下山は往路を戻る。

▽桂湖は美しいダム湖で、多目的広場やオートキャンプ場も整備されており、カヌー体験もできる。
▽入浴施設はくろば温泉（☎0763・67・3741）がある。

■問合せ先
南砺市役所☎0763・23・2003、桂湖ビジターセンター☎0763・67・3120

■2万5000分ノ1地形図
中宮温泉

57

「加賀富士」の大門山から変化に富む白山国立公園北端部の山へ

大門山・赤摩木古山・見越山・奈良岳

だいもんざん 1572m
あかまっこやま 1501m
みこしやま 1621m
ならだけ 1644m

日帰り

歩行時間＝7時間50分
歩行距離＝13・0km

技術度
体力度

コース定数＝33
標高差＝657m
累積標高差 ↗1425m ↘1425m

稜線の1407㍍地点をすぎて、見越山を望む

秋の見越山。この先でやせた岩尾根となる。中央は奈良岳

白山《はくさん》一帯は昭和37年12月に国立公園に指定され、富山県内のブナオ峠にまでおよんでいる。本項で紹介する山域はその白山国立公園の北端部にあたる。ブナオ峠登山口は標高1000㍍に近いので、1500㍍級の山を1日で4座も走破するコースが設定できる。

県道福光上平《ふくみつかみだいら》線の最高地点、標高987㍍の**ブナオ峠**が登山口。峠の南側から登りはじめるとやがてブナ林になり、ところどころにクマの爪跡の残る木がある。振り返ると大獅子山《おおじしやま》の大きな山容が望まれる。

右手前方に大門山を見ながら進むと**分岐点**に着く。右上方に緩い尾根を登っていくと、**大門山**山頂である。大きな御影石の山頂標石があり、北に金沢の市街地が望まれる。

先ほどの**分岐点**に戻って、桂《かつら》湖を足もとに見ながら、気持ちのよい稜線を歩くと、**赤摩木古山**山頂に着く。先端の見晴らしのよい地点に方位盤が設置されていて、黒御影石の標石がある。

赤摩木古山からは階段をいっきに下る。下りきったところがナタメ平である。さらに登り下りを繰り返すと、露岩のコースになり、最後の階段を登りきると**見越山**山頂に立つ。狭い山頂で、10人も登るとはみ出しそうになる。

奈良岳へは岩屑のガラガラした道を下り、鞍部からナナカマドと

足もとに青い水をたたえた桂湖が見える

■鉄道・バス
公共交通機関を利用しての登山は難しい。マイカー利用がおすすめ。
■マイカー

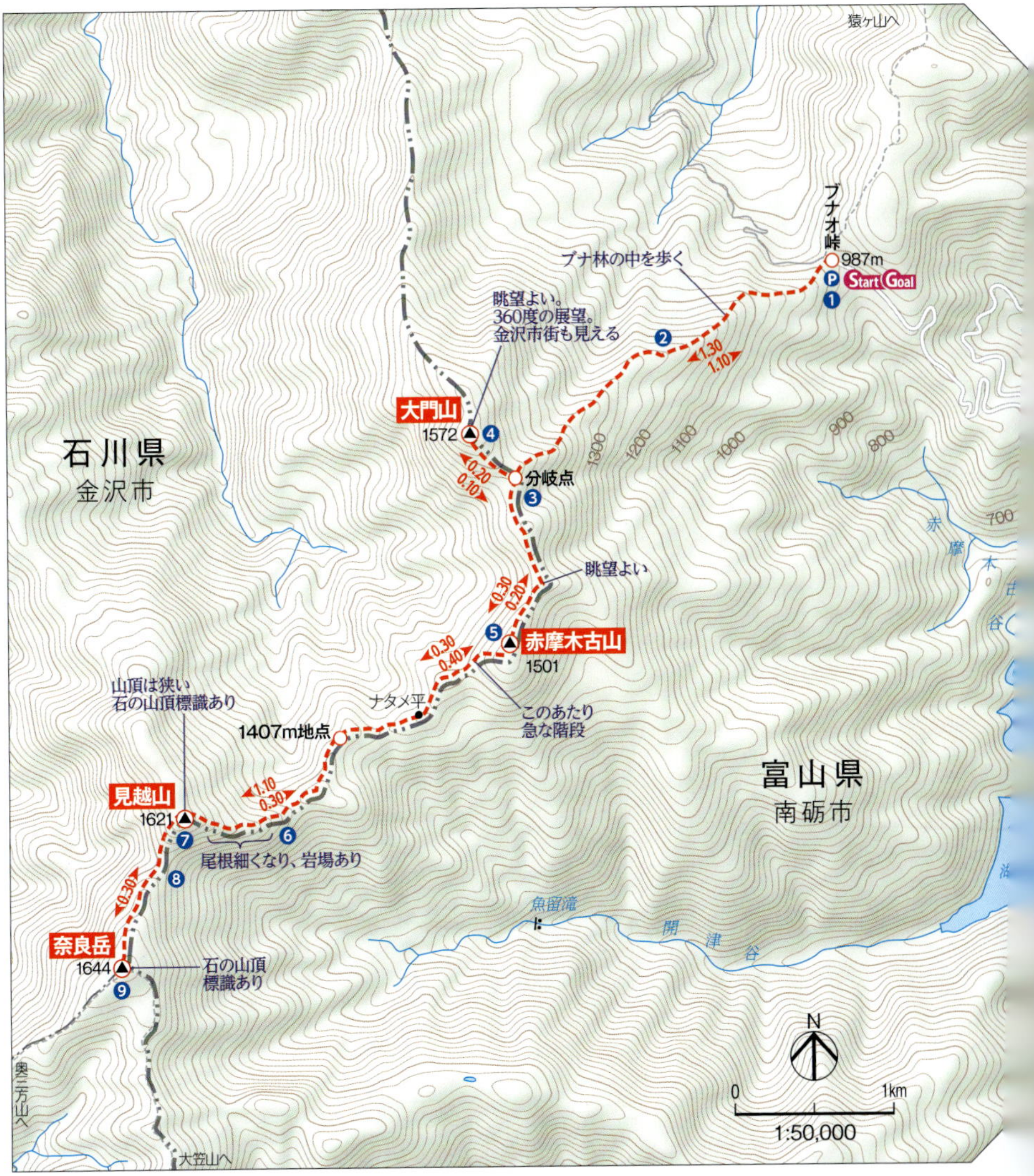

国道156号の新屋（あたらしや）で庄川を渡ると、右側にブナオ野営場の案内板があり、草谷沿いの道に入る。

■登山適期

6～10月。冬期閉鎖になる県道福光上平線の開通はその年の状況によって変わる。10月の土・日曜には紅葉を目当てに多くの人が訪れるので駐車場はいっぱいになる。比較的誰でも登りやすい赤摩木古山までは、幅広い年齢層の人たちが訪れている。

■アドバイス

▽ブナオ峠は1000㍍に近いので、時折10月に降雪を見ることがある。この時期は少ない雪でも危険なので通行には充分留意したい。

▽このコース上は水場もなく、健脚者向きのコースタイムを設定しているので注意のこと。

▽大笠山まで足をのばすのは、ブナオ峠の往復にしろ、桂湖へ下るにしろ、さらに充分に体力のある一部の人に限られるので、一般的にはすすめられない。

▽温泉はくろば温泉（☎0763・67・3741）がある。

■問合せ先

南砺市役所☎0763・23・2003、五箇山タクシー☎0763・66・2046

■2万5000分ノ1地形図

西赤尾

ネマガリダケの稜線を登る。**奈良岳**山頂からは大笠山《おおかさやま》が大きく正面に見える。

一般的にはブナオ峠を発って、ここまでが1日コースの限界だろう。ここで引き返すことになる。

もし、健脚で自信のある人は大笠山を経て、桂湖に下りることもできる。その場合は事前に回送の車を手配する必要がある。

また、ブナオ峠から大笠山までを往復するには、よく整備された登山道とはいえ、かなりの体力が必要である。奈良岳から大笠山まではゆうに片道2時間を要する。

大門山を経て、赤摩木古山へ

CHECK POINT

1

ブナオ峠の登山口。大門山を示す標識に導かれて登山道に入っていく。北側の道は大獅子山に向かっている

2

ブナオ峠からはブナ林の中を登っていく。初夏の新緑、秋の紅葉期には楽しい道だ

3

木道の先に、ベンチのある大門山と赤摩木古山との分岐点。ここまでおよそ1時間30分。少し休憩していこう

4

最初に登り着く大門山山頂。標高1572㍍の3等三角点が置かれている。御影石の山頂標識が立っていて、北に金沢市街を望むことができる

5

赤摩木古山1501㍍の山頂。尖端の方位盤が置かれたところからは周囲の山々の展望が楽しめる

6

木々が低いので展望はよいが、いくつもの小ピークを登り下りする。体力の消耗が激しい熟達者向きのコースだ

7

なぜか文字が逆さまになっている見越山の山頂標石。三角点はなく、1621㍍の標高点

8

見越山から奈良岳へは岩屑のガラガラした道を鞍部に向かって下っていく。転石に乗らないよう注意したい

9

奈良岳山頂。3等三角点の標石が埋められている。行程はここまでで、一般には出発点のブナオ峠へ往路を下っていくことになる

医王山

歴史の奥医王とスリル満点の鳶岩へ

いおうぜん
939m（奥医王山）

日帰り

Ⓐ奥医王山　歩行時間＝50分　歩行距離＝1.6km　技術度　体力度
Ⓑ鳶岩　歩行時間＝2時間20分　歩行距離＝3.0km　技術度　体力度

コース定数＝Ⓐ3Ⓑ10
標高差＝Ⓐ94mⒷ5m
累積標高差　Ⓐ↗137m ↘137m　Ⓑ↗463m ↘463m

高度感満点の鳶岩。眼下に大沼が見える

医王山は、富山県南砺市と石川県金沢市にまたがるひとつの山塊の前医王《まえいおう》、白山《はくさん》、黒瀑山《くろたきやま》、奥医王《おくいおう》といった峰々の総称である。医王山の最高峰、奥医王には1等三角点が設置されている。

医王山は約1200年前に奈良時代の修験道の僧・泰澄大師によって開かれた山といわれている。今では、イオックスアローザスキー場が開発され、百万石《ひゃくまんごく》道路も建設されて、富山、石川の両県ともに県立自然公園に指定されている。山中の地形が極めて複雑で、崖や谷、滝や奇岩など見どころも多く、登山コースもいろいろあるので、レベルに応じた身近な山となっている。

イオックスアローザスキー場のゴンドラ山麓駅から、車でオートキャンプ場を経て菱広《ひしひろ》峠に着く。ここは夕霧《ゆうぎり》峠ともよばれ、展望台がある。

菱広峠の登山口から標識にしたがって急な階段をしばらく登ると、見返《みかえり》杉のある見返坂である。昔、泰澄大師がここで足もとに広がる砺波《となみ》平野や加賀《かが》の景色を振り返ったという。

竜神《りゅうじん》池、風神《ふうじん》池、行者《ぎょうじゃ》池を通って医王山最高地点の**奥医王山**に着く。灌木に覆われた山頂広場には鉄製の展望櫓が建っている。

菱広峠からは往路30分、復路20分で容易に登ることができる。あまりに短時間で終わってしまう。そこで、ここでは数多くあるコースの中から、石川県側ではあるが、やや難しく、スリリングな鳶岩《とんびいわ》を登るコースを加えて紹介する。

菱広峠から車で百万石道路を**堂**《どう》

イオックスアローザ村から見る医王山

辻《つじ》まで移動すると、りっぱな標識と案内板がある。空地に駐車して鳶岩を目指す。ほぼ水平な道を歩いて、金山《かなやま》峠、ついで梯子《はしご》坂《ざか》となる。下りきった沢にはきれいな水が流れている。三蛇《さんじゃ》ヶ滝、白姫《しらひめ》滝の上流である。

沢の分岐点から「カニの横ばい」とよばれる鎖場になる。「白姫滝へつり」ともいい、足もとはるか下方に白姫滝がチラチラ見える。医王山最大の難所である。ついで、いよいよ岩稜を経て鳶岩へ登る。岩は硬く、足場も手がかりもしっかりしている。鎖も張られていて、高感度満点である。**鳶岩**の上からは大沼《おおいけ》が眼下に見え、スリルと展望は申し分ない。

鳶岩から石仏のある次のピークまではやせた尾根を行く。充分に気をつけて進もう。尾根道が林に入ったところで、足もとに小さく「金山峠へ」の標識がある。林の中に刈り開かれたばかりの新しい道を下れば、**沢の分岐点**に着く。梯子坂を登り、金山峠を経て**堂辻**に戻る。

CHECK POINT

1 菱広峠登山口から奥医王山へ向かう。最初は急な階段を登り、見返杉、竜神池、行者池を経て山頂へ

2 1等三角点が置かれた奥医王山山頂は医王山の最高峰。鉄製の展望台も建っている

3 堂辻から道標に導かれて鳶岩に向かう。金山峠からは梯子坂を下って沢の分岐へ

4 沢の分岐。ここからがコースの核心部で、カニの横ばいの鎖場を通って鳶岩の登り口へ

5 背中坂とよばれる100メートルほどの岩壁を行く。随所に鎖が設置されているが、慎重に越えていこう

6 鳶岩からは眼下に静かに水をたたえた大沼を俯瞰することができる

■鉄道・バス
公共交通機関を利用しての登山は難しい。マイカー利用がおすすめ。

■マイカー
東海北陸自動車道福光ICで下り、スキー場への標識にしたがい、イオックスアローザから菱広峠へ。

■登山適期
4月～11月。鳶岩コースはスリップの危険があるので、晴れた日に限る。

■アドバイス
▽鳶岩は斜度45度、高さ100メートルの岩壁でかなりの高度感がある。巻道もあるので、濡れている時は登らないこと。
▽急な岩場は、登れても下れないので合理的な下りコースを下りる。なお、初心者は熟達したリーダーがいる時に限る。
▽イオックスアローザはスイスアローザと提携しており、スキーリゾートの趣だが、オフシーズンの夏期にはドッグランやジムカーナもあるレジャー施設。

■問合せ先
南砺市役所☎0763・23・2003、イオックスアローザ☎0763・55・1326

■2万5000分ノ1地形図
福光

県道27号へ
大池平
すべりにくい岩だが、
転倒、転落に注意
カニの横ばい
背中坂の岩稜を登る
鎖場あり
鹿こり
三蛇ヶ滝
白姫滝
大沼
沢の分岐
0.30
0.40
国見ヒュッテ
医王権現
梯子坂
金山峠
鳶岩
0.40
急坂
分岐注意
0.30
国見平
堂辻
735m
Start Goal
三千坊
789
沢を渡る
きれいな沢中を
行く。スリップに注意
石川県
金沢市
車で移動する
百万石道路
富山県
南砺市
金沢市街へ
白兀山
896
医王山
900
800
700
600
500
オートキャンプ場
展望台がある
白兀平ヒュッテ
菱広峠（夕霧峠）
845m
Start Goal
イオックス・
アローザスキー場
見返杉
見返坂
無雪期のゴンドラは
土・日曜のみの運行
福光ICへ
医王山の
最高地点
0.30
0.20
奥医王山
939
池がある
N
0
500m
1:20,000
横谷峠へ

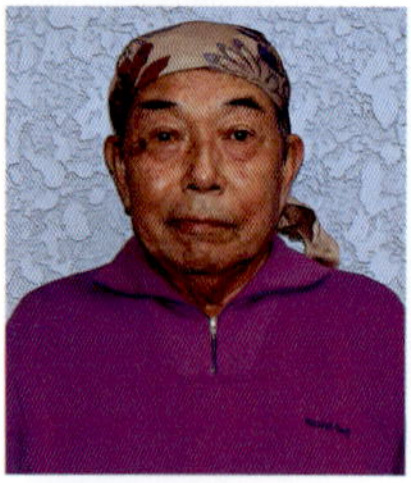
佐伯郁夫

佐伯克美

佐伯岩雄

佐伯郁子

●著者紹介

佐伯郁夫（さえき・いくお）

1935年魚津市に生まれる。魚津岳友会を創立、劒岳を中心に活動してきた。登山用具専門店チロルを創業。分県登山ガイド『富山県の山』、アルペンガイド『立山・劒・白馬岳』、ヤマケイヤマップ『立山・劒岳・大日岳・五色ガ原・薬師岳』（山と溪谷社刊）など。日本山岳会会員。

佐伯克美（さえき・かつみ）

夫・郁夫とともに厳冬期の劒岳登頂や結氷した間宮海峡のスキー横断など冒険的な山歩きをしてきた。富山県自然解説員、立山カルデラ解説員、立山・黒部ジオガイド。

佐伯岩雄（さえき・いわお）

子供のころより両親の郁夫・克美に連れられ山によく行った。中学校のころから本格的に取り組んだスキー競技のトレーニングのため山に登る。父・郁夫の店を継ぎ、登山用品の販売と山岳ガイドとして山行機会も多い。公益社団法人日本山岳ガイド協会常務理事、国立登山研修所講師、立山ガイド協会所属山岳ガイド。

佐伯郁子（さえき・いくこ）

石川県金沢市生まれ。地元山岳会に所属し、主に石川県内の登山をしていたが、昭和63年に佐伯岩雄に嫁ぎ、店を手伝いながら富山県内の四季折々の山を歩く。初心者、女性の目線からお客様へのアドバイスを心がける。

分県登山ガイド17

富山県の山

2018年2月1日 初版第1刷発行
2023年4月15日 初版第3刷発行

著　者 —— 佐伯郁夫・佐伯克美・佐伯岩雄・佐伯郁子
発行人 —— 川崎深雪
発行所 —— 株式会社 山と溪谷社
〒101-0051
東京都千代田区神田神保町1丁目105番地
https://www.yamakei.co.jp/

■乱丁・落丁、及び内容に関するお問合せ先
山と溪谷社自動応答サービス　TEL03-6744-1900
受付時間／11:00～16:00（土日、祝日を除く）
メールもご利用ください。
【乱丁・落丁】service@yamakei.co.jp
【内容】info@yamakei.co.jp

■書店・取次様からのご注文先
山と溪谷社受注センター
TEL048-458-3455　FAX048-421-0513
■書店・取次様からのご注文以外のお問合せ先
eigyo@yamakei.co.jp

印刷所 —— 大日本印刷株式会社
製本所 —— 株式会社明光社

ISBN978-4-635-02047-3

●編集
WALK CORPORATION
皆方久美子
●ブック・カバーデザイン
I.D.G.
●DTP
WALK DTP Systems
水谷イタル　三好啓子
●MAP
株式会社 千秋社

●乱丁、落丁などの不良品は送料小社負担でお取り替えいたします。
●定価はカバーに表示してあります。

■本書に掲載した地図は、国土地理院長の承認を得て、同院発行の数値地図(国土基本情報)電子国土基本図(地図情報)、数値地図(国土基本情報)電子国土基本図(地名情報)、数値地図(国土基本情報)基盤地図情報(数値標高モデル)及び数値地図(国土基本情報20万)を使用したものです。(承認番号 平29情使、第887号)
■各紹介コースの「コース定数」および「体力度のランク」については、鹿屋体育大学教授・山本正嘉さんの指導とアドバイスに基づいて算出したものです。
■本書に掲載した歩行距離、累積標高差の計算には、DAN杉本さん作製の「カシミール3D」を利用させていただきました。